刘律师刑法讲坛之

民营企业刑法风险及其防范

CRIMINAL
LAW RISK TO THE PRIVATE ENTERPRISES:
Understanding and Avoidance

刘涛 著

中国检察出版社

图书在版编目（CIP）数据

民营企业刑法风险及其防范/刘涛著．—北京：中国检察出版社，2009.5
ISBN 978－7－5102－0087－8

Ⅰ．民…　Ⅱ．刘…　Ⅲ．①私营企业—企业法—研究—中国②刑法—研究—中国　Ⅳ．D922.291.914　D924.04

中国版本图书馆 CIP 数据核字（2009）第 076797 号

民营企业刑法风险及其防范
刘　涛　著

出 版 人：	袁其国
出版发行：	中国检察出版社
社　　址：	北京市石景山区鲁谷西路 5 号（100040）
网　　址：	中国检察出版社（www.zgjccbs.com）
电子邮箱：	zgjccbs@vip.sina.com
电　　话：	（010）68682164（编辑）　68650015（发行）　68636518（门市）
经　　销：	新华书店
印　　刷：	保定市中画美凯印刷有限公司
开　　本：	710mm×1020mm　16 开
印　　张：	12.5 印张
字　　数：	232 千字
版　　次：	2009 年 7 月第一版　2009 年 7 月第一次印刷
书　　号：	ISBN 978－7－5102－0087－8/D·2067
定　　价：	28.00 元

检察版图书，版权所有，侵权必究
如遇图书印装质量问题本社负责调换

民营企业应该有刑法风险的忧患意识

——用新的视角审视民营企业面临的刑法风险（代序）

"生于忧患，死于安乐"，这一古训对于经过二十多年高速发展的中国民营企业来说，仍然是至理名言。在当前民营企业面临的各种风险之中，法律风险应该是第一位的；而在所有的法律风险之中，刑法风险更应是民营企业面对的重中之重。

一、民营企业面临各种违法犯罪行为的现实威胁

时至今日，民营经济已经占了我国经济总量的半壁江山还多，民营企业也已经跨过了萌芽期而步入了黄金发展期，已经开始在我国社会扮演越来越重要的角色。但与此同时，不法分子也把民营企业视为"唐僧肉"，把犯罪的黑手伸向了民营企业。这些犯罪行为有的发生在民营企业内部，如职务侵占罪、挪用资金罪、非国家工作人员受贿罪等；有的发生在民营企业外部，如合同诈骗罪、侵犯商业秘密罪等。不论哪一类犯罪，都是对民营企业的严重侵害，甚至可能给民营企业带来灭顶之灾。

二、民营企业自己也常常游走在刑法雷区的边缘

在我国建设法治社会的今天，法律特别是刑法覆盖的社会范围越来越广，规范的社会行为越来越全面、深入。但同时，民营企业的法律意识并没有随着财富的增长而相应增强，规则意识也普遍缺失，加之社会不良风气的影响，这一切使得民营企业和民营企业家越来越成为高危群体，一批民营企业家纷纷触到刑法的高压线而轰然倒下，从顾雏军到黄宏生，从周正毅到孙大午……最终受害的不仅是他们本人，更是他们的企业！

三、了解刑法风险是民营企业保护自身合法权益的一把利剑

首先，民营企业应善于运用刑法武器保护自己。民营企业现在的法律意识虽然

普遍增强，但仍存在着明显的缺漏或误区；一旦自己的合法权益受到侵害，往往只想到通过民事诉讼的法律途径去解决，根本没有意识到有时候自己受到的是犯罪行为的侵害，必须运用刑法武器。如果民营企业针对犯罪行为不能很好地运用刑法武器，不但自己在维权的道路上费时费力而效果不彰，走了弯路，更重要的是，间接地帮助犯罪分子逃脱了刑罚的惩罚，使得他们只需承担相对轻微很多的民事责任而不必承担严厉的刑事责任。难道这不是对犯罪分子的姑息和纵容吗？

其次，民营企业应善于运用刑法武器来加强内部管理。民营企业在防范外部刑法风险的同时，更应重点防范企业内部刑法风险。特别是近年来，企业高级管理人员及工作人员犯罪现象越来越突出。民营企业内部工作人员犯罪，不仅凸显了企业内部管理制度存在巨大的漏洞，而且侵害了民营企业的财产安全、正常的经营管理秩序、工作人员职务的廉洁性。因而，民营企业在不断完善企业内部管理制度、加强企业内部监督的同时，更应该善于运用刑法武器惩治害群之马！

最后，民营企业也必须明了刑法的底线，避免踏入刑法雷区。刑法雷区，来源于刑法的明文规定。"法无明文规定不为罪，法无明文规定不处罚"，这一刑法原则昭示着刑法明文规定着罪与非罪的界限。因而，民营企业及民营企业家防范刑法风险，首要的就是了解刑法的相关规定，增强刑法意识，这样才能辨别自己何种行为可能构成犯罪，何种行为是刑法予以保护的合法行为，才能避免因不慎而踏入刑法的雷区。当然，还需要特别提醒的是，只有社会危害特别严重的违法行为，刑法才将其规定为犯罪，予以刑罚惩罚。因而，不能构成犯罪，并不等于不是违法行为。如果民营企业实施了违法行为，虽然可能够不上刑事犯罪，需要承担刑事责任，但也可能违反经济或行政法律的规定，需要承担相应的民事或者行政责任。

综上，民营企业应该有刑法风险的忧患意识，并且怀着这种忧患意识求生存、谋发展。"擎刑法之剑保护自己，识刑法之道远离危地！"这也是本书宗旨所在。

刘 涛

2009年3月18日于广州

目 录

代序：民营企业应该有刑法风险的忧患意识 /1

第一篇 公关活动中的刑法风险及其防范

第一讲 行贿罪 /3
  一、什么是行贿罪 /5
  二、行贿罪的行为方式 /7
    （一）打着"馈赠"的幌子行贿 /8
    （二）顶着"感情投资"的帽子行贿 /9
    （三）利用经济往来中给予"回扣"、"手续费"行贿 /11
    （四）利用多次、小额分期贿送财物的方式行贿 /12
  三、律师提示 /12
    （一）行贿罪与非罪的界限 /12
    （二）超前贿送财物给请托人的行为是否应当按行贿罪处理 /13
    （三）事后贿送财物给请托人的行为是否应当按行贿罪处理 /14
    （四）对国家工作人员的家属行贿的行为应如何定性 /16
    （五）经济往来中的"回扣、手续费"是正常的商业交易还是行贿 /17
    （六）行贿罪的量刑 /18
  关联法律规定 /18

第二篇 内部管理中的刑法风险及其防范

第二讲 职务侵占罪 /25
  一、什么是职务侵占罪 /26
  二、职务侵占罪的行为方式 /27
  三、律师提示 /28

（一）职务侵占罪与非罪的界限 /28
（二）股东侵占自己出资企业的财产是否会构成职务侵占罪 /29
（三）非本企业的人员是否可能构成职务侵占罪 /30
（四）民营企业员工因为薪酬纠纷等原因而擅自截扣公司款项的行为是否能构成职务侵占罪 /31
（五）职务侵占罪的量刑 /31
关联法律规定 /31

第三讲 挪用资金罪 /33
一、什么是挪用资金罪 /34
二、挪用资金罪的行为方式 /35
（一）挪用本单位资金归个人使用或者借贷给他人，数额较大、超过三个月未还的 /36
（二）挪用本单位资金归个人使用或者借贷给他人，虽未超过三个月，但数额较大，进行营利活动的 /36
（三）挪用本单位资金归个人使用或者借贷给他人，进行非法活动的 /37
三、律师提示 /37
（一）挪用资金罪与非罪的界限 /37
（二）如何正确区分挪用资金罪中"挪用资金借贷给他人使用"的行为与民事活动中的"出借"行为 /38
（三）企业高级管理人员往往是挪用资金犯罪的高发群体 /39
（四）挪用资金罪的量刑 /39
关联法律规定 /40

第四讲 非国家工作人员受贿罪 /42
一、什么是非国家工作人员受贿罪 /43
二、非国家工作人员受贿罪的行为方式 /44
（一）索贿 /44
（二）收受贿赂 /45
（三）经济受贿 /45
三、律师提示 /46
（一）非国家工作人员受贿罪与非罪的界限 /47
（二）如何正确区分合法的折扣与非法的回扣 /47
（三）公司、企业工作人员在工作中接受他人馈赠也可能构成

　　　　本罪　　　　　　　　　　　　　　　　　　　　　　　　/48
　　（四）非国家工作人员受贿罪的量刑　　　　　　　　　　　/49
　关联法律规定　　　　　　　　　　　　　　　　　　　　　　/49

第三篇　融资过程中的刑法风险及其防范

第五讲　贷款诈骗罪　　　　　　　　　　　　　　　　　　/53
　一、什么是贷款诈骗罪　　　　　　　　　　　　　　　　　　/54
　二、贷款诈骗罪的行为方式　　　　　　　　　　　　　　　　/54
　　（一）编造引进资金、项目等虚假理由骗取贷款　　　　　　/54
　　（二）使用虚假的经济合同诈骗贷款　　　　　　　　　　　/55
　　（三）使用虚假的证明文件骗取贷款　　　　　　　　　　　/56
　　（四）使用虚假的产权证明作担保或者超出抵押物价值重复担保　/56
　　（五）使用其他方法诈骗银行和其他金融机构的贷款　　　　/57
　三、律师提示　　　　　　　　　　　　　　　　　　　　　　/57
　　（一）贷款诈骗罪与非罪的界限　　　　　　　　　　　　　/57
　　（二）如何区分贷款诈骗与借贷纠纷　　　　　　　　　　　/58
　　（三）故意不归还贷款的行为是否构成贷款诈骗　　　　　　/60
　　（四）贷款诈骗罪的量刑　　　　　　　　　　　　　　　　/60
　关联法律规定　　　　　　　　　　　　　　　　　　　　　　/60

第六讲　集资诈骗罪　　　　　　　　　　　　　　　　　　/63
　一、什么是集资诈骗罪　　　　　　　　　　　　　　　　　　/64
　二、集资诈骗罪的行为方式　　　　　　　　　　　　　　　　/64
　　（一）以高额利息为诱饵进行集资诈骗　　　　　　　　　　/65
　　（二）以经营高额利润项目但资金短缺为借口，以高额回报为诱
　　　　饵进行集资诈骗　　　　　　　　　　　　　　　　　　/65
　　（三）利用互联网等高科技技术进行集资诈骗　　　　　　　/66
　三、律师提示　　　　　　　　　　　　　　　　　　　　　　/67
　　（一）集资诈骗罪与非罪的界限　　　　　　　　　　　　　/67
　　（二）如何区分集资诈骗行为与合法融资行为　　　　　　　/67
　　（三）如何区分集资诈骗行为与民间借贷纠纷　　　　　　　/68
　　（四）如何区分集资诈骗罪与非法吸收公众存款罪　　　　　/69
　　（五）集资诈骗罪的量刑　　　　　　　　　　　　　　　　/70
　关联法律规定　　　　　　　　　　　　　　　　　　　　　　/70

第七讲 非法吸收公众存款罪　　/72
　一、什么是非法吸收公众存款罪　　/73
　二、非法吸收公众存款罪的行为方式　　/73
　三、律师提示　　/74
　　（一）非法吸收公众存款罪与非罪的界限　　/74
　　（二）如何区分非法吸收公众存款行为与合法的民间借贷　　/75
　　（三）如何区分变相吸收公众存款行为与委托理财行为　　/76
　　（四）如何区分非法吸收公众存款行为与企业内部集资　　/78
　　（五）非法吸收公众存款罪的量刑　　/79
　关联法律规定　　/79

第四篇　生产经营中的刑法风险及其防范

第八讲 合同诈骗罪　　/83
　一、什么是合同诈骗罪　　/84
　二、合同诈骗罪的行为方式　　/84
　　（一）以虚构单位或者冒用他人的名义签订合同　　/84
　　（二）以伪造、变造、作废的票据或者其他虚假的产权证明作担保　　/85
　　（三）没有实际履行能力，以先履行小额合同或者部分履行合同的方法，诱骗对方当事人继续签订和履行合同　　/85
　　（四）收受对方当事人给付的货物、货款、预付款或者担保财产后逃匿　　/86
　　（五）以其他方法骗取对方当事人财物　　/86
　三、律师提示　　/87
　　（一）合同诈骗罪与非罪的界限　　/87
　　（二）如何区别合同诈骗犯罪行为与民事欺诈行为　　/88
　　（三）如何区分合同诈骗罪与合同经济纠纷　　/89
　　（四）谨防借企业兼并之名行合同诈骗之实的陷阱　　/90
　　（五）合同诈骗罪的量刑　　/90
　关联法律规定　　/91

第九讲 偷税罪　　/93
　一、什么是偷税罪　　/94
　二、偷税罪的行为方式　　/95
　　（一）伪造、变造账簿、记账凭证　　/95

（二）私设"小金库"，建立账外账 /95
  （三）多行开户，隐瞒收入 /95
  （四）假借发票，偷漏税款 /96
  （五）销毁、隐匿账簿，瞒天过海 /96
  （六）多列支出，少列收入，以假乱真 /97
  （七）虚假纳税申报 /97
  （八）以种种借口骗取减免税 /97
 三、律师提示 /97
  （一）偷税罪与非罪的界限 /97
  （二）如何区别漏税与偷税 /98
  （三）偷税与欠税的区别 /99
  （四）避税与偷税的界限 /100
  （五）偷税罪的量刑 /100
 关联法律规定 /100

第十讲 走私普通货物、物品罪 /104
 一、什么是走私普通货物、物品罪 /105
 二、走私普通货物、物品罪的行为方式 /106
  （一）直接走私行为 /107
  （二）后续走私行为 /108
  （三）准走私行为 /109
 三、律师提示 /110
  （一）走私普通货物、物品罪与非罪的界限 /110
  （二）利用虚假合资公司进口减免税设备自用或移作他用，甚至就地倒卖的行为，是否构成本罪 /110
  （三）走私普通货物、物品罪的量刑 /111
 关联法律规定 /111

第十一讲 生产、销售伪劣产品罪 /115
 一、什么是生产、销售伪劣产品罪 /116
 二、生产、销售伪劣产品罪的行为方式 /118
  （一）掺杂、掺假 /118
  （二）以假充真 /119
  （三）以次充好 /120
  （四）以不合格产品冒充合格产品 /120

三、律师提示 /121
　（一）生产、销售伪劣产品罪与非罪的界限 /121
　（二）企业销售产品时，已明确告知消费者产品存在质量问题的，不构成本罪 /121
　（三）生产、销售伪劣产品罪的量刑 /122
关联法律规定 /122

第十二讲　非法经营罪 /124
一、什么是非法经营罪 /125
二、非法经营罪的行为方式 /125
　（一）未经许可经营法律、行政法规规定的专营、专卖物品或者其他限制买卖的物品 /126
　（二）买卖进出口许可证、进出口原产地证明以及其他法律、行政法规规定的经营许可证或者批准文件 /126
　（三）未经国家有关主管部门批准，非法经营证券、期货、保险业务，或者非法从事资金支付结算业务 /127
　（四）其他严重扰乱市场秩序的非法经营行为 /127
三、律师提示 /130
　（一）非法经营罪与非罪的界限 /130
　（二）应特别注意非法经营罪成为"口袋罪"的趋势 /132
　（三）非法经营罪的定罪量刑 /132
关联法律规定 /132

第十三讲　损害商业信誉、商品声誉罪 /136
一、什么是损害商业信誉、商品声誉罪 /137
二、损害商业信誉、商品声誉罪的行为方式 /138
　（一）损害对象的特定性 /138
　（二）损害行为的公开性 /139
三、律师提示 /140
　（一）损害商业信誉、商品声誉罪与非罪 /140
　（二）如何正确区分消费者的正当维权行为与损害商业信誉、商品声誉的犯罪行为 /140
　（三）如何区别新闻媒体的合法舆论监督行为与损害商业信誉、商品声誉的犯罪行为 /142
　（四）损害商业信誉、商品声誉罪的量刑 /143

关联法律规定 /143

第十四讲 虚假广告罪 /144
一、什么是虚假广告罪 /145
二、虚假广告罪的行为方式 /146
三、律师提示 /148
（一）虚假广告罪与非罪的界限 /148
（二）发布误导性广告是否构成虚假广告罪 /148
（三）发布"夸大其词"的广告是否构成虚假广告罪 /149
（四）如何正确区分虚假广告与违法广告、歧义广告 /150
（五）虚假广告罪的量刑 /151
关联法律规定 /151

第十五讲 串通投标罪 /152
一、什么是串通投标罪 /153
二、串通投标罪的行为方式 /154
（一）投标人相互串通投标 /155
（二）投标人与招标人串通投标 /155
三、律师提示 /157
（一）串通投标罪与非罪的界限 /157
（二）前招标阶段的串通行为是否属于串通投标行为 /158
（三）串通拍卖行为是否构成串通投标罪 /158
（四）串通投标罪的量刑 /159
关联法律规定 /159

第五篇 知识产权保护中的刑法风险及其防范

第十六讲 侵犯商业秘密罪 /163
一、什么是侵犯商业秘密罪 /164
二、侵犯商业秘密罪的行为方式 /165
（一）以不正当手段获取商业秘密的行为 /166
（二）滥用通过不正当手段获取的商业秘密的行为 /167
（三）滥用合法获取的商业秘密的行为 /167
（四）第三人恶意侵犯商业秘密的行为 /168
三、律师提示 /168

（一）侵犯商业秘密罪与非罪的界限　　　　　　　　　　　/168
　　（二）如何区分侵犯商业秘密罪与合法取得商业秘密的行为　/169
　　（三）侵犯不正当的商业秘密不构成本罪　　　　　　　　　/170
　　（四）企业内部职工是本罪的多发群体　　　　　　　　　　/170
　　（五）侵犯商业秘密罪的量刑　　　　　　　　　　　　　　/170
　关联法律规定　　　　　　　　　　　　　　　　　　　　　　/170

第十七讲　假冒注册商标罪　　　　　　　　　　　　　　　/172
　一、什么是假冒注册商标罪　　　　　　　　　　　　　　　　/173
　二、假冒注册商标罪的行为方式　　　　　　　　　　　　　　/174
　　（一）使用他人已注册的商标　　　　　　　　　　　　　　/174
　　（二）在同一种商品上使用与他人注册商标相同的商标　　　/174
　　（三）"使用"行为未经注册商标所有人许可　　　　　　　/175
　三、律师提示　　　　　　　　　　　　　　　　　　　　　　/175
　　（一）假冒注册商标罪与非罪的界限　　　　　　　　　　　/175
　　（二）仿冒知名商品特有装潢的行为是否构成假冒注册商标罪/176
　　（三）"反向假冒商标"行为是否构成假冒注册商标罪　　　/176
　　（四）如何区别假冒注册商标罪与生产、销售伪劣产品罪　　/177
　　（五）如何认定非法经营的金额　　　　　　　　　　　　　/178
　　（六）假冒注册商标罪的量刑　　　　　　　　　　　　　　/178
　关联法律规定　　　　　　　　　　　　　　　　　　　　　　/178

第十八讲　销售侵权复制品罪　　　　　　　　　　　　　　/180
　一、什么是销售侵权复制品罪　　　　　　　　　　　　　　　/181
　二、销售侵权复制品罪的行为方式　　　　　　　　　　　　　/182
　　（一）销售未经著作权人许可而复制发行的文字作品、音乐、电影、电视、录像作品、计算机软件及其他作品　　　　　　/182
　　（二）销售未经图书专有出版权利人许可出版的图书　　　　/183
　　（三）销售未经录音、录像制作者许可而复制发行的录音、录像制品　　　　　　　　　　　　　　　　　　　　　　　/184
　　（四）销售假冒他人署名的美术作品　　　　　　　　　　　/184
　三、律师提示　　　　　　　　　　　　　　　　　　　　　　/184
　　（一）销售侵权复制品罪与非罪的界限　　　　　　　　　　/184
　　（二）"销售"是否包括出租行为　　　　　　　　　　　　/185
　　（三）商品促销中搭赠侵权复制品的行为是否属于销售行为　/185

（四）行为人用侵权复制品偿还债务的行为是否属于销售行为 /186
（五）赠与、出借、购买侵权复制品的行为是否可以构成销售侵权复制品罪 /186
（六）销售侵权复制品罪的量刑 /187
关联法律规定 /187

后　记 /188

第一篇
公关活动中的刑法风险及其防范

第一讲 行 贿 罪

在被"官本位"思想充斥的商业社会,企业给予政府官员一定的金钱或利益,已成为一些民营企业谋求发展的"捷径",甚至成了民营企业生存与发展必须遵守的"潜规则"。这种"潜规则",却是刑法打击的重点之一。"上海首富"周正毅因行贿罪而锒铛入狱,已给民营企业家们敲响了警钟。因而,民营企业必须了解和熟悉刑法关于行贿罪的相关规定,防范相应的刑法风险。

【周正毅行贿案】2007年,前"上海首富"周正毅因行贿和虚开增值税专用发票犯罪而获刑,轰动一时。

周正毅原系农凯集团实际出资人和实际控制人。1997年起,周正毅为农凯集团及其控制下的关联企业筹措资金进行股票交易,与黄锡熊约定拆借资金。由黄锡熊利用担任上海商品交易所副总会计师、上海期货交易所结算部负责人、经理,具体负责交易所资金运作的职务便利,将上述交易所资金以"国债回购"的名义,投入西南证券有限责任公司上海定西路营业部(以下简称西南证券定西营业部)等证券公司,不进行任何实际交易,在资金到账后直接划转至农凯集团控制下的上海金凯物资实业有限公司(以下简称金凯物资)等机构资金账户进行股票交易。2001年5月至8月,金凯物资共计非法拆借资金1.7亿元。

1999年3月,周正毅送给黄锡熊价值9390元的"雷达"牌手表一对。2000年5月,周正毅又送给黄锡熊港币2万元。2001年3月,周正毅与黄锡熊到杭州市,由周正毅支付现金104万余元为黄锡熊购买上城区万安城市花园·南苑2幢1201室商品房一套,另送给黄锡熊现金20万元用于装潢。

2001年春节前夕,农凯集团直接负责的主管人员周正毅送给时任福建兴业银行上海分行行长助理兼国际业务部总经理、信用审查委员会委员的王沪军现金40万元。2001年3月至12月间,周正毅为谋取不正当利益,在与王沪军商议后,用其上市关联企业上海海鸟电子股份有限公司的名义,以收购企业和增发新股为由违规向福建兴业银行上海分行贷款,并通过提前还贷、转贷等方式掩盖贷款由农凯集团使用的事实,农凯集团将获取的9亿元贷款中的4.6亿元划入证券公司账户,用于股票交易。

2003年9月至2004年6月,周正毅因涉嫌操纵证券交易价格罪和虚报注册资本罪被羁押在上海市看守所。其间,黄健利用担任上海市看守所所长,负责对周正毅监管的职务便利,多次为周非法传递信件,并给予周特殊照顾。2004年6月,周正毅委托其姐周雅珍于2004年7月1日晚,在上海市江宁路188号兴业大厦农凯集团办公室,送给黄健夫妇现金20万元。

2007年11月30日,上海市第二中级人民法院一审认定,上海农凯发展(集团)有限公司犯单位行贿罪,判处罚金人民币25万元;犯对企业人员行贿罪,判处罚金人民币10万元;犯虚开增值税专用发票罪,判处罚金人民币300万元,决定执行罚金人民币335万元。周正毅犯单位行贿罪,免予刑事处罚;犯对企业人员行贿罪,免予刑事处罚;犯行贿罪,判处有期徒刑3年;犯虚开增值税专用发票罪,判处有期徒刑10年;犯挪用资金罪,判处有期徒刑6年;决定执行有期徒刑16年。周正毅不服一审判决提起上诉,2008年1月

21日，上海市高级人民法院裁定驳回上诉，维持原判。①

一、什么是行贿罪

根据我国《刑法》第389条的规定，行贿罪是指为谋取不正当利益，给予国家工作人员以财物且数额在1万元以上的行为；在经济往来中，违反国家规定，给予国家工作人员以财物，数额较大，或者违反国家规定，给予国家工作人员以各种名义的回扣、手续费的，也应以行贿罪定罪论处。

从刑法对行贿罪的规定可以看出，行贿罪的构成有以下几点必须注意：

第一，行贿罪的行贿对象必须是国家工作人员，即国家机关、国有公司、企业、事业单位、人民团体中从事公务的人员和国家机关、国有公司、企业、事业单位委派到非国有公司、企业、事业单位、社会团体从事公务的人员。

如果行为人行贿对象，不是国家工作人员，则不构成行贿罪，但可能构成刑法规定的其他罪名。

如果是对非国家工作人员行贿，根据《刑法修正案（六）》则可能构成对非国家工作人员行贿罪，② 非国家工作人员是指公司、企业或者其他单位的工作人员。这里的公司工作人员，是指有限责任公司、股份有限公司的董事、监事或者职工。企业的工作人员，是指有限责任公司、股份有限公司以外的企业中的工作人员。其他单位的工作人员，是指既包括事业单位、社会团体、村民委员会、居民委员会、村民小组等常设性组织的工作人员，也包括为组织体育赛事、文艺演出或者其他正当活动而成立的组委会、筹委会、工程承包队等临时性组织的工作人员。这里的单位不包括从事非正当活动的组织。《刑法修正案（六）》将对非国家工作人员行贿纳入行贿犯罪的范围，确定了对非国家工作人员行贿罪罪名，扩大了行贿犯罪的对象范围，具有十分重大的实践意义。不仅有利于区分行贿犯罪类的此罪与彼罪，而且及时地提醒了许多民营企业，切勿狭隘地认为只要不对国家工作人员行贿就不会触犯刑法，构成行贿。在上述案例中，被告单位农凯集团为了谋取不正当利益，由其负责人周正毅给予企业人员王沪军人民币40万元，数额较大，已构成对企业人员行贿罪。

此外，如果行为人行贿的对象是单位是否触犯刑法呢？《刑法》第391条规定了对单位行贿罪，即为谋取不正当利益，给予国家机关、国有公司、企

---

① 参见《周正毅终审被判有期徒刑16年》，载《人民法院报》2008年1月22日第4版案件时讯。

② "对非国家工作人员行贿罪"是从"对公司、企业人员行贿罪"演变而来。《刑法修正案（六）》第8条对原"对公司、企业人员行贿罪"的罪状作了修改，因而罪名也相应修改为"对非国家工作人员行贿罪"。

业、事业单位、人民团体以财物的,或者在经济往来中,违反国家规定,给予各种名义的回扣、手续费的行为。刑法规定行贿的对象不仅仅局限于自然人,如果对以上单位进行行贿也将难逃刑罚的惩罚。这里的单位,仅是指国家机关、国有公司、企业、事业单位和人民团体,向其他单位或者个人行贿,均不构成本罪。

由此可见,刑法根据行贿对象的不同,分别规定了行贿罪,对非国家工作人员行贿罪和对单位行贿罪,形成了一张惩罚行贿犯罪行为的严密网络,因而,民营企业在对外交往中,应在法律允许的范围内与国家工作人员等主体进行交流,防范刑法风险。

第二,行为人的目的是为了"谋取不正当利益"。

何为"不正当利益"?最高人民法院、最高人民检察院1999年3月4日《关于在办理受贿犯罪大要案的同时要严肃查处严重行贿犯罪分子的通知》中规定:"'谋取不正当利益',是指谋取违反法律、法规、国家政策和国务院各部门规章规定的利益,以及要求国家工作人员或者有关单位提供违反法律、法规、国家政策和国务院各部门规章规定的帮助和方便条件。"从上述规定可以看出,通过行贿手段谋取的不正当利益包括非法利益和非法手段利益。具体地说,非法利益就是违反法律、法规、国家政策和国务院各部门规章规定的利益,比如通过行贿达到偷税目的。非法手段利益是指要求国家工作人员违反法律、法规、规章、政策、行业规范的规定提供帮助或者便利条件。比如不符合土地承包条件通过行贿而达到承包目的;在招标投标、政府采购等商业活动中,违背公平原则,给予相关人员财物以谋取竞争优势的,也属于"谋取不正当利益"。

反过来说,如果行为人是为了"谋取正当利益"而进行行贿的,就不构成犯罪。例如,某建筑设计工程项目承包人张某,承建了某国有企业的办公大楼,工程竣工后经验收为优良工程。但该国企无故拖欠部分工程款240多万元,张某催要了两年欠款仍没能得到解决。无奈之下,张某只好私下给该国企负责财务的副老总送去10万元现金。事后,该国企如数结清了工程欠款。对于此案,张某是为了结清应得的工程款而向国企老总送钱,目的是为了实现其合法、应得的利益。因此,张某的行为不构成行贿罪。

第三,单位行贿是否构成犯罪?

根据《刑法》第393条规定,单位为谋取不正当利益而行贿,或者违反国家规定,给予国家工作人员以各种名义的回扣、手续费,情节严重的,构成单位行贿罪,对单位判处罚金,并对其直接负责的主管人员和其他直接责任人员处以刑罚。在实践中,行贿不仅通常是由个人进行,还有很多单位,特别是民营企业，为谋取不正当利益，而进行行贿。区分行贿罪与单位行贿罪，关键在于行贿的主体，如果行贿的主体是个人的，则构成行贿罪，如果行贿的主体是单位的，则构成单位行贿罪。刑法将单位行贿单列一个罪名，对那些企图在"为公"名义下行贿的民营企业敲响了警钟。此外需特别注意的是，《刑法》第393条还规定，因行贿取得的违法所得归个人所有的，仍按行贿罪定罪处罚。在上述案例中，被告单位农凯集团为了谋取不正当利益，由其负责人周正毅给予国家工作人员黄锡熊财物，数额巨大，情节严重，已构成单位行贿罪。

第四，被迫行贿能否构成行贿罪？

被迫行贿，是指行为人被勒索而不得已给予国家工作人员以财物的行为。《刑法》第389条明确规定：因被勒索给予国家工作人员以财物，没有获得不正当利益的，不是行贿。因而，如果行为人是被迫行贿而不是主动行贿的，那么只有在获得不正当利益的情况下，才构成犯罪。

◈关联案例◈ 2003年5月，郝某、潘某以自然人的身份投资改制洛阳市城建投资开发公司，洛阳城建开发投资公司书记王某某利用职务便利，趁企业改制之机，向郝某索取人民币10万元。同年11月28日，郝某、潘某将被告人王某某约到其租住处，将准备买房子的10万元送给王某某，用事先准备好的摄像机录下其索贿过程，后向检察机关举报导致案发。被告人王某某犯受贿罪被判处有期徒刑10年，剥夺政治权利1年，并处没收个人财产5万元。①

此案中，王某某公然向投资人索贿，而投资人被迫行贿，并用事先准备的摄像机录下索贿全过程，并以此为据举报，最终将贪官送上了被告席，使贪官为自己的索贿行为付出了代价。投资人机警地保护了自己的合法权利，使索贿贪官受到了刑法的制裁，其被迫行贿，没有获得不正当利益，不构成行贿罪。

因此，被迫行贿并非任何情况下都构成行贿罪，这里要注意以下三种情况：第一，如果行为人为了正当利益，无论是被迫行贿还是主动行贿，都不是犯罪；第二，如果行为人为了不正当利益，迫于无奈行贿的，并且已经获得了不正当利益的，构成行贿罪；第三，如果行为人为了不正当利益，迫于无奈行贿，但最终没有实现其不正当利益目的的，不构成犯罪。

二、行贿罪的行为方式

在商业竞争越来越激烈的今天，有的企业通过各种手段和途径寻求发展的"捷径"，有的企业不得不在恶性的商业竞争中挣扎，有的企业甚至将"办事

---

① 参见《想投资要先给10万元好处费 贪书记索贿被全程录像》，载网易国内新闻2006年8月5日，http://news.163.com/06/0809/08/2o2ov06H0001124J.html。

必贿"奉行为商业行为的首要规则。那么，在商业贿赂犯罪越来越平常的今天，民营企业要信守商业道德，维护良好的商业秩序，避免踏入刑法雷区，必须了解行贿罪的行为方式。

（一）打着"馈赠"的幌子行贿

行贿在行为方式上往往具有隐蔽性，行贿人经常打着赠与的幌子，受贿人也会辩称收受的贿赂是礼尚往来。而我国更是非常注重礼尚往来的国度，在各种人情交往中，难免有礼物馈赠行为。民法规定赠与是民事法律行为，是被法律所肯定和保护的行为。这一合法行为却往往会被现实生活中的行贿人所利用，用名义上是馈赠掩盖其实质上的行贿。要揭开这层合法的面纱，就必须谨慎地甄别行贿行为与馈赠行为。

行贿与赠与虽然在表面上有很多相似之处，容易被行贿人所利用，但它们仍然是两种性质不同的行为，在特征上存在着很大的区别：

第一，性质和效力的区别。

行贿行为是违法行为，不能产生合法的法律效力，对于行贿人交付的财物，受贿人不能取得所有权。行贿的性质是权力与钱财的勾结，是权钱交易的直观表达。赠与则是合法的民间行为，赠与行为能导致财物所有权的合法转移，归受赠人所有。赠与的本质是正常的人情往来。

第二，目的和动机的区别。

行贿是出于谋取某种特定的不正当的利益或者为了保持一种长期的利害关系的目的。双方可能素不相识或素无交往，有时还需要中间人的引见，双方均以损害国家利益或者他人利益为代价，谋求一己私利。赠与则是源于双方之间有着比较深厚的感情基础，或基于亲情，或基于友情，不以损害他人利益或国家利益为代价。其目的仅仅是表达自己的情意行为或是为了资助有困难的人的慈善行为，没有谋取利益的动机。

第三，方式和数额的区别。

行贿的方式比较隐蔽，数额往往根据行贿人所谋求的利益大小、难易来定，通常情况下数额都比较大。赠与一般采取较为正常的、公开的方式进行，一般情况下数额较小。

第四，行为对象的区别。

行贿的对象必须是国家工作人员。赠与的对象可以是任何公民，无年龄大小、职务高低、性别等区别。

第五，法律后果的区别。

行为人如果出于谋取不正当利益的目的，给予国家工作人员财物，构成行贿罪的，行为人应当承担刑事责任。赠与则受到民法的肯定和保护，不可能产生承担刑事责任的法律后果。

❖**关联案例**❖ 蒋某系个体建筑包工头，常苦于找不到业务。孙某系某局副局长，主抓基建工作。1993年底，经人介绍，蒋某认识了孙某，并多次请孙某吃饭。1993年底，孙某儿子结婚，蒋某前去庆贺，送去礼金3万元。1994年初，适逢孙某所在局建职工宿舍楼，尽管蒋某不符合承建条件，但还是向孙某提出承建该工程，孙某很爽快地答应了。1995年底，宿舍楼建成交付使用。刚住1年，宿舍楼裂缝严重，成为危房。在查处责任时，蒋某送给孙某礼金3万元一事被揭发出来。后经法院审理，认定蒋某构成行贿罪。

该案是一个典型的行贿人以馈赠形式掩盖其行贿之实的案例。蒋某与孙某非亲非故，送去数额相当大的礼金，且在馈赠后，蒋某从孙某那里得到了本不应该得到的利益，这充分说明蒋某送给孙某厚礼，是为利用孙某之职权谋取自己不正当利益，实质是权钱交易，其所谓的"馈赠"就是行贿，故应认定蒋某构成行贿罪。

(二) 顶着"感情投资"的帽子行贿

当前，行贿罪的行为方式趋向于更加复杂和多样。为了明确地区分罪与非罪，必须谨慎地区分行贿与其他行为之间的特征。行为人利用财物进行感情投资的现象就属于非常特别的一种情况。这些行为中有的是隐藏的行贿行为，有的是正常的人际交往。实际上，感情投资这种现象作为长线利益勾结被很多人看好，因为其对于他们掩盖非法目的、非法行为更具隐蔽性的优势。

所谓感情投资，是指行为人出于联系、笼络国家工作人员的目的，向其赠送财物，但并不马上要求有相应的回报。国家工作人员收受财物后，也确实没有为行为人谋取过不正当利益。实践中，这种"感情投资"现象比较严重，行为人以财物进行"感情投资"的动机也是多种多样的。对此种行为，实质上是行贿还是真的感情投资，应当具体问题具体分析，不能一概而论。

判断此类行为的性质，关键是看行为人有无"谋取不正当利益"的目的。具体来说：

第一，如果行为人具备了明确的"谋取不正当利益"的目的，则其行为就构成了行贿罪。

第二，如果行为人不具备"谋取不正当利益"的目的，只是想与国家工作人员建立特殊的关系，以图以后办事方便，甚至以此作为抬高自己身价的资本，或者是迫于社会风气的压力，觉得别人都送自己不送不好看，甚至担心领导对自己有看法而对自己不利，或者是出于以往与国家工作人员的私交，感激曾对自己的关照等。这些情形，只是一种不正之风，一般不宜以行贿罪论处。

第三，如果行为人送财物时并无明确的请托要求，只是为了联络感情，过一段时间因自己突然有事要办才提出请托的，因其送财物时谋取不正当利益的主观故意尚不明确，一般不能认定构成行贿罪。

第四，如果行为人意欲请托的事项在其送财物之前就已存在，而在送财物的当时并没有提出，只是以交朋友、联络感情为名向国家工作人员送财物，等到时机成熟再提出请托，意图谋取不正当利益的，应当以行贿罪论处。因此，在此种情况下，行为人主观上自始便有"谋取不正当利益"的明确目的，客观方面又具备了给予国家工作人员财物的行为，其行为已完全具备了行贿罪的犯罪构成要件，其在送礼之时没有提出，只是作为掩盖其行贿实质的一种策略而已。

◈**关联案例**◈上海某医学仪器有限公司股东兼销售经理杨某，为了取得宁波市妇儿医院通过招投标采购医疗设备中的竞争优势，想尽办法进行"感情投资"。2004年初的一天，杨某找到陈某，代表德国医疗设备制造商向他发出出国考察的邀请。他了解到陈某在时间安排上有困难，就自掏腰包，拿出4000美元给陈某，说是出国考察费用，让他自己安排时间。2004年六七月间，德国的医疗设备公司在上海举行周年庆祝晚会，邀请陈某参加。晚会上，杨某听别人说起陈某最近在装修房子，忙找到陈某，悄悄地送上3万元人民币。与此同时，他也未放松对那些设备科科长的"感情投资"。经查，从2001年下半年至2004年初，在销售医疗设备过程中，为谋取不正当利益，被告人杨某先后送给宁波市妇儿医院原副院长、后担任第一医院院长的陈某，妇儿医院原设备科科长徐某和鄞州人民医院原设备科科长王某价值10余万元的财物，海曙区人民法院经审理认定被告人杨某犯行贿罪，判处有期徒刑9个月，上海某医学仪器有限公司因犯单位行贿罪，被判处罚金人民币20万元。①

在本案中，杨某将"感情投资"作为赢得竞争的关键手段，认为"感情投资让我在投标前摸清了采购方的底牌"、"感情投资太重要了，没有他们的关照，生意哪有这么容易做"。如此"付出"自然有"回报"。据杨某交代，每次投标前，他都能获得对方的采购底牌，不仅如此，那些拿了好处的人还在招投标中积极给予杨某方便，不仅给杨某最后的竞价权，还常常在提供信息中误导杨某的竞争对手，确保杨某处于有利地位。这些年，杨某和这家医院始终保持了每年100多万元的业务量。作为销售方，杨某进行"感情投资"也许

---

① 参见《销售医疗设备时行贿 宁波判决一起单位行贿案》，载《检察日报》2005年12月17日综合新闻。

出于无奈，但却多次主动而为之，虽然在"投资"时没有明确要求回报，但最终"投资"都得到了不合法的回报。因而，他的"感情投资"行为本质上就是一种变相的行贿行为，触犯了刑法，最后受到了法律的惩处。

（三）利用经济往来中给予"回扣"、"手续费"行贿

"回扣"、"手续费"等词汇在商品经济无处不在的今天是人们都耳熟能详的语言。许多企业和商家为了在激烈的市场竞争中占有优势，让利促销是惯用的价格竞争手段。它的积极意义在于能够加速商品的流通，促进经济的发展。但是这些手段也存在着不容忽视的负面效应。它们很容易被不法分子所利用，不仅破坏商业社会公平竞争的原则，破坏市场经济秩序，而且腐蚀干部，诱发犯罪，利用表面的现象掩盖其实施贿赂犯罪的本质。

根据刑法规定，在经济往来中，违反国家规定，给予国家工作人员以财物，数额较大的，或者违反国家规定，给予国家工作人员以各种名义的回扣、手续费的，以行贿论处，这种情形通常称之为经济行贿犯罪，是商业贿赂犯罪中的一种。

经济行贿是行贿罪的一种特殊形式，具有与一般行贿不同的特殊构成，具有以下特征：

第一，必须发生在经济往来中。经济行贿不同于普通行贿之处在于它发生在经济往来这一特定领域。所谓经济往来，是指行为人代表本单位与外单位或者个人从事经济交往活动，也即仅限于平等民事主体之间的经济交往，而不包括行为人代表国家或者单位所进行的经济管理。

第二，必须违反国家规定。所谓"违反国家规定"，根据《刑法》第96条的规定，"是指违反全国人民代表大会及其常务委员会制定的法律和决定，国务院制定的行政法规、规定的行政措施、发布的决定和命令"。

第三，行贿的对象必须是国家工作人员。如果行贿的对象不是国家工作人员，则不构成行贿罪。

第四，必须是给予国家工作人员以财物，或者违反国家规定，给予国家工作人员以各种名义的回扣、手续费，达到数额较大的标准。这里的"数额较大"的具体标准，一般是指行贿数额在1万元以上的。

◈关联案例◈ 2004年，扬州人冯某从单位下岗后，被药品销售商张某聘用。当年7月，经过药品采购招标，张某所在的医药公司成了高邮市两家医院的定点药品供应商。2004年11月至2006年9月，冯某在帮助张某推销药品过程中，经张某授意，多次按照一定比例，并根据医生的开药量，给予高邮两家医院相关会计回扣合计433764元，再由会计分给开药医生。法院经审理认为，

冯某在帮助他人推销药品过程中，违反国家规定，多次给予国家工作人员回扣，数额巨大，其行为已经触犯了刑律，应以行贿罪追究其刑事责任。

（四）利用多次、小额分期贿送财物的方式行贿

广州市海珠区人民检察院在所经办的典型贿赂案中选取85名行贿人和70名受贿人为对象进行问卷调查和案情分析，有44.4%的行贿受贿案中选择"小笔多次"的"分期付款"的行贿方式。① 如果当事人没有口供，办案人员要将多笔小额贿赂款一一查证，给司法办案造成相当大的难度。很多行贿人也是抱着这种侥幸心理以逃避刑罚的制裁。如果一次性给行贿对象几十万元甚至上百万元，行贿对象可能迫于心理压力不会也不敢接受，而分期分批的小额给付，对方就容易接受了。并且在这种长期的合作关系中双方更容易联系感情，结成可靠的利益共同体。正所谓"放长线钓大鱼"。"分期付款"式的行贿受贿正在成为一种新动向，受贿总金额越来越高，危害越来越大。在"分期付款"贿赂方式的演变过程中，一些国家工作人员一步步成为某些利益团体的代言人，严重干扰了国家机关和企事业单位的运作规范，损害了政府形象。

最高人民法院、最高人民检察院《关于在办理受贿犯罪大要案的同时要严肃查处严重行贿犯罪分子的通知》第3条第1款规定，行贿数额巨大、多次行贿或者向多人行贿的属于严重行贿犯罪行为。这里的"多次"是指多次向同一人行贿。而最高人民检察院《关于人民检察院直接受理立案侦查案件立案标准的规定（试行）》中第5条第2款也规定了向三人以上行贿属于虽行贿数额不满1万元也可以立案的一种情形。多次行贿，表明了行为人对于犯罪目的的追求，是对法律禁止的一种蔑视，这一严重情节的存在，即使行贿人行贿的数额，没有达到1万元以上的，也构成行贿罪。这种利用多次、小额的分期贿送财物进行行贿，"化整为零"的行贿方式，始终难以遮掩其犯罪的本质，难逃刑法的制裁。

三、律师提示

（一）行贿罪与非罪的界限

为谋取不正当利益行贿，构成行贿罪的，法律并没有规定构成犯罪的具体数额标准。但根据立法精神，对行贿罪的处罚应当考虑行贿财物的具体数额。根据最高人民检察院在《关于人民检察院直接受理立案侦查案件立案标准的

---

① 参见《海珠区检察院对行贿人员的问卷调查报告》，载广州市海珠区人民检察院网。

规定（试行）》中确定了行贿罪的刑事立案标准，即涉嫌下列情形之一的，应予立案：(1) 行贿数额在 1 万元以上的；(2) 行贿数额不满 1 万元，但具有下列情形之一的：①为谋取非法利益而行贿的；②向 3 人以上行贿的；③向党政领导、司法工作人员、行政执法人员行贿的；④致使国家或者社会利益遭受重大损失的。因而，行贿行为只有达到上述标准之一，才构成本罪。如果行贿数额不大，情节较轻的，则不应当追究其刑事责任，但行贿所得不正当利益则应当依法追缴，予以没收。

另外需特别注意的是，根据最高人民法院、最高人民检察院《关于办理商业贿赂刑事案件适用法律若干问题的意见》第 7 条的规定，商业贿赂中的财物，既包括金钱和实物，也包括可以用金钱计算数额的财产性利益，如提供房屋装修、含有金额的会员卡、代币卡（券）、旅游费用等。具体数额以实际支付的资费为准。

（二）超前贿送财物给请托人的行为是否应当按行贿罪处理

◈**关联案例**◈某建筑公司老总龙某在一次偶然的机会通过朋友的关系认识了该城建局的办公室主任李某。龙某觉得李某年轻、灵活、有背景，前景看好，便设法与李某结交。2000 年 10 月李某喜得贵子，龙某送给李某 2 万元红包；2001 年 1 月李某生病住院，龙某又给其送了 1 万元的营养费。2001 年李某当上了该局的副局长，刚好该局有个价值 2000 万元的城建工程项目，李某便做了个顺水人情，将该项目发包给了龙某的建筑公司。

现实生活中类似于这个案例的情形数不胜数。在这个案子中，龙某实施的超前"行贿"行为也就是大家所熟知的"感情投资"。此案中，龙某在实施超前"行贿"行为的过程中，从未向李某提出任何不正当利益的要求，他只是觉得李某有前途，日后可能对其业务有所帮助，并没有追求明确的期待利益。龙某的这种行为是正常的人际交往、不符合刑法关于行贿罪的构成要件，不应按行贿罪处理。

在我国这样一个典型的重视人情交往、人脉关系的社会中，对某些重要人物、重点关系进行"感情投资"将会为一个企业带来很大的帮助。这一途径也被许多企业视为发展的"捷径"。甚至一些精明的行贿人开始把目光对准尚未位居高官的"潜力股"。有的人是真正为企业发展考虑，进行正常的人际交往。而有的人会利用此来掩盖其谋取不正当利益的目的，利用超前行贿进行权钱交易。

"超前行贿"主要有以下两种形式：一种是行贿者先和当权者套近乎，千方百计和他交朋友，并于节日走访之机、红白喜事之机和探病之机向他送钱、送礼,令他碍于"朋友"情面,不好意思拒绝,将其套牢或拖下水之后,再向他提要求,如果他苦守"阵地",便撕破脸面向他摊牌,没有退路的他只能被牵着鼻子走欲罢不能,成为利用的工具。厦门远华走私案主犯赖昌星能把众多国家工作人员拉下马,用的主要就是这种"超前行贿"手段。另一种是瞄准有发展潜力的年轻干部加以拉拢结盟,甚至出钱出力为其仕途"铺路",为日后好办事打下基础,那些受过"滴水之恩"的年轻干部在高升后"涌泉相报",在不知不觉之间失去自我,在"报恩"之中触犯了刑律。由于"超前行贿"不是现炒现卖的急功近利之举,而是一种长远的"投资",带有浓厚的"感情"色彩,容易使一些人受蒙蔽,所以更应警惕。

因此,对于这种超前贿送财物进行感情投资的问题,应该分两种情况看待:现实中,企业为了维持某些人脉关系,往往会做一些所谓的"感情投资"。如果这种"投资"不是为了某一确定的不正当利益,也就是说只是请客送礼,套套近乎,并没有要求请托人为其实现某一不正当的利益,那么这种行为在刑法上很难定罪;如果是为了某一确定的、具体的不正当利益,事先进行"投资"的,那么其超前投资只是其行贿过程中的一个策略,这样就可能构成犯罪。

(三)事后贿送财物给请托人的行为是否应当按行贿罪处理

❖**关联案例**❖ 王某是某物业管理有限公司经理,具有土地开发、房屋建设资质。王某为征用邮政局的部分土地进行楼房开发建设,找时任该邮政局局长董某,提出自己要征用该邮政局家属院的部分土地进行楼房开发建设的想法,得到了董局长的同意。2004年10月,在董局长的操作帮助下,王某取得了这块地的使用权。之后,王某于2005年春节前的一天晚上到董某家中,给予董某现金10万元。[①]

与事前收买性的行贿不同的是,事后以馈赠进行酬谢性的行贿带有更大的隐蔽性。这个案例中,王某事前并没有以财物利诱董某为其提供帮助,而是在事后给予董某10万元现金作为感谢。从表面上很难判断出王某的行为是否是行贿。现实生活中,这种利用答谢金的酬谢性贿送财物很常见,但其相对于事前收买,行为的性质更加难以把握。

最高人民法院、最高人民检察院《关于办理商业贿赂刑事案件适用法律若干问题的意见》对于判断赠送财物行为的性质作出了相关规定,认为应当结合以下因素全面分析、综合判断:(1)发生财物往来的背景,如双方是否

---

① 参见贾再亮、李莉:《王某的行为是否构成行贿罪》,载《中国检察官》2008年第7期。

存在亲友关系及历史上交往的情形和程度；（2）往来财物的价值；（3）财物往来的缘由、时机和方式，提供财物方对于接受方有无职务上的请托；（4）接受方是否利用职务上的便利为提供方谋取利益。

以上司法解释为区分行贿和馈赠提供了大致的指导意见。在司法实践中，具体还应当注意从以下几个方面来详细把握：

第一，双方发生财物往来的背景以及双方的身份、地位是否相称。一般来说，公民之间的交往总是基于一定的因素，如血缘、同学、战友、同事、爱好等。亦即公民的交往范围是受自己的身份、地位、职业等条件限制的。公民之间的赠与往往是与这些关系的密切程度分不开的。如果双方之间不存在一定的正常关系，给予财物的行为就可能是行贿行为。实践中，很多公司老板给予有一定职务级别的国家工作人员大额财物，就是典型的行贿行为。

第二，双方关系的亲疏及礼尚往来的情况。赠与的发生一般以双方的感情和交往为前提。如果双方平时感情较好，交往较密，双方有过礼尚往来，一般是赠与行为。反之，双方素无交往，在行为人的利益受制于收受财物人时，赠送财物给国家工作人员，便可能是一种行贿行为。

第三，赠送财物的方式。赠与人给付财物虽然并不完全是公开进行的，但一般不会特意隐瞒赠送财物的行为。正常情况下，赠送行为往往有据可循，有正常的渠道证明。行贿人一般不希望别人知晓，往往采取秘密的方式进行权钱交易，其隐蔽性显而易见。

第四，赠送的财物数量、价值大小。赠与是一种无偿的给付，通常财物数额不会太大，且与赠与人的经济能力相当。行贿所赠送的财物往往是价值很大，正如有些人往往"出手很大方"一样，这种给予超出常规的、与行为人经济条件不符的大额财物很可能是行贿。

第五，行为人在给付财物前后有无受益。赠与人给予受赠人财物通常是无偿的，没有利益回报。行贿人给予财物是一种权钱交易的行为，是为了谋取不正当利益。如果其实际获取了不正当利益，则应认定为行贿。

第六，给付财物前后，是否提出不正当利益要求，该利益要求是否与对方职务有关。如果是赠与，不会存在不正当利益要求。而行贿则存在这种利益要求。

本案中，王某在与董某素无交往的背景下，"出手非常大方"的原因绝大部分是基于其之前获得了董某为其提供取得土地使用权的帮助。王某以酬谢作为借口的事后贿送财物行为，很难掩盖其事后行为的本质具有谋取不正当利益的目的。因此，王某终将难逃行贿罪的制裁。

与超前行贿一样，事后行贿也不能一概论罪，而是要分具体的情况：第一，如果行为人在请托人为其谋取不正当利益时，就允诺或暗示事后贿送财物，而且事后也确实给了请托人财物的，这种情况行为人谋取不正当利益的主观故意与事后的行贿行为达成一致，具备了行贿罪的构成要件，应以行贿罪论处。第二，如果行为人在请托人为其谋取不正当利益时，并没有允诺或暗示贿送财物，只是因为其他的因素行为人实现了不正当利益，事后行为人为表达谢意，送予请托人财物的，笔者认为这种情况行为人的事后行贿行为并没有为谋取不正当利益的犯罪故意，不构成行贿罪。

（四）对国家工作人员的家属行贿的行为应如何定性

◈**关联案例**◈某建筑公司承建了一办公大楼，大楼竣工后，该建筑公司老板王某知道大楼消防未能达标，为了能通过消防验收，便千方百计找熟人疏通，找到消防局副局长谢某的妻子彭某说情，并送给彭某现金2万元及价值1万元的女士金表。彭某将东西收下后，回家并没有将收受钱物的事情告诉谢某，只是向谢某说王某是她同学，希望在办公楼消防验收时帮帮忙。谢某看在王某是妻子老同学的情面上，让王某建筑公司承建的办公楼顺利通过了验收。

此案中，虽然王某与谢某并没有发生权钱交易，但是王某的行贿行为已经全部完成，而且也具备了谋取不正当利益的犯罪目的，同时也对国家的廉政制度造成了侵害。因此，王某应以行贿罪定罪。

从司法实践看，家属出面接受财物，一般来讲，他们对行贿人的目的和意图是知道的，财物的贿赂性质是有所共识的。如果家属与该国家工作人员勾结、有受贿的通谋，则构成受贿罪共同犯罪，应以受贿罪论处。同样，对行贿人而言，其最终目标仍然是向家属背后的国家工作人员进行行贿，其通过家属进行贿送财物，实施间接的请托行为都是为了掩盖其谋取不正当利益的行贿目的。行贿者直接的目标还是领导本人。但是，由于很多领导干部大会小会上说"要坚决彻底的反腐倡廉"，甚至还有一些领导干部在家门口贴上了"送礼者免进"的"门神"。于是，一些行贿者便打起了领导者配偶及其子女的主意，或者选择领导的情妇、秘书、"驾驶员"等身边人，走起了所谓"夫人路线"、"子女路线"、"情人路线"等，企图通过领导的"身边人"达到"曲线救国"的目的。而领导的"身边人"一旦滑入了"腐败"的深渊，便会"吸附"或"拉拢"领导人共同"腐败"，以求得一种"利益"共存、"风险"共担。这种情形下，"家属"只是行贿人达到其向国家工作人员行贿的一个工具而已，向家属行贿也很有可能难逃刑法的制裁。

但是，如果该案当中，谢某的妻子彭某将收受王某财物的事情告诉了谢某，谢某不但不为王某办事，而且让彭某把财物退回给王某。那么，这种情况，虽然王某完成了行贿行为，但是未对国家的廉政建设造成实际损害，不应对王某以行贿罪定罪。

（五）经济往来中的"回扣、手续费"是正常的商业交易还是行贿

◈**关联案例**◈2002年1月至2003年12月，李某某任洛口卫生院院长期间，洛口卫生院先后从县医药公司购进药品371496.5元，其中宁都县医药总公司业务员廖某分多次给予李某某药品回扣21000元。2006年4月至12月，李某某任长胜卫生院院长期间，长胜卫生院先后从九州医药公司业务员黄某手中购进药品约50000余元，李某某分两次收受黄某给付的药品回扣各1000元，共计2000元。后检察机关在对部分医疗单位相关人员在药品采购中收受回扣问题开展调查时，被告人李某某主动交代了受贿的主要犯罪事实，并退缴了全部赃款。原审法院一审以受贿罪判处被告人李某某有期徒刑1年，缓刑1年。①

此案中，宁都县医药总公司业务员廖某和九州医药公司业务员黄某均以给予李某某回扣的形式进行行贿，而李某某违反国家规定，在经济往来中收受回扣归个人所有，终以受贿罪受到了刑法的制裁。

民营企业在经济活动中，必须谨慎地运用回扣和手续费等相关性质的手段来获取利益。经济往来中的给予回扣、手续费等行为是正常的商业交易还是行贿行为呢？正确界定其性质十分重要。

《反不正当竞争法》第8条规定，经营者不能采用财物或者其他手段进行贿赂以销售或者购买商品。在账外暗中给予对方单位或个人回扣的，以行贿论处；对方单位或者个人在账外暗中收受回扣的，以受贿论处。该条明确规定了回扣合法、非法的界限。国家所允许的回扣，必须符合两个条件：一是必须公开给予、收受，而不能暗中给予、收受；二是必须在单位的账目中按照规定作如实记载，而不能账外给予、收受。

我国关于手续费的规定很少，仅在1986年6月国务院办公厅《关于严禁在社会经济活动中牟取非法利益的通知》中规定，企事业单位在经营活动中，根据国家规定收取的手续费，必须按照财经制度列入单位收入，除国家另有规定的以外，不得分给个人。国家工作人员必须严格执行财经纪律，不准在社会活动中非法收受任何名义的酬金或馈赠。由于社会生活的复杂性，对手续费的定性可参照国家对回扣的规定，即凡在账外暗中给予、收受的手续费都是非法的；如实入账，公开给予、收受的手续费是合法的。

---

① 参见《卫生院院长收受回扣两万余元，主动交代终审获缓刑》，载中国法院网2008年9月11日。

司法实践中，对具备下列情形之一的，应以行贿论处：（1）为了推销假冒伪劣商品而给予回扣、手续费的；（2）在不具备加工条件的情况下，为承揽加工业务而给予回扣、手续费的；（3）在不具备施工技术、设备的情况下，为承包建筑工程或为搞劣质工程而给予回扣、手续费的；（4）为提高加工费、工程造价、获取高额利润而给予回扣、手续费的；（5）为了谋取不正当利益，如为逃避法律制裁、为劣质工程通过验收、为搞虚假达标、为从事非法经营、为破坏其他企业信誉等，而给予回扣手续费的。

对回扣、手续费如实入账，具有下列情形之一的，不应以行贿论处：（1）为建立疏通企业之间正常的产、供、销渠道而给予回扣、手续费的；（2）为推销库存积压滞销产品（或商品）而给予回扣、手续费的；（3）为承揽正当的加工业务，或为正常承包工程业务而给予回扣、手续费的；（4）为维持企业正常经营，因被索要而给予回扣、手续费的；（5）按照政府有关规定或在对外经济往来业务中按照国际惯例给予回扣、手续费的。

（六）行贿罪的量刑

《刑法》第390条规定，行贿罪的量刑起点为5年以下有期徒刑或者拘役，犯罪情节特别严重的，最高刑可判处无期徒刑，可并处没收财产。对于什么情况才属于"犯罪情节特别严重"，目前法律上还没有明确的规定。从司法实践的情况上看，笔者认为应从行贿的数额、手段、次数、造成的后果等多个方面进行认定。

这里需要注意的是，《刑法》第390条还规定"行贿人在被追诉前主动交待行贿行为的，可以减轻处罚或免除处罚"。由于贿赂犯罪具有极大的隐蔽性，取证难度相当大，加之行贿与受贿是密切相关、互相对应的犯罪行为，行贿人的主动交待实际上就是对受贿人的揭发检举，具有立功的性质，如果行贿人是在被追诉前主动交待的，还具有自首的情节。因此，刑法将这种情况认定为可以减轻或免除处罚的法定量刑情节。事实上，目前我国刑法无论是在立法上还是在司法实践上，均是重罚受贿，轻罚行贿。但随着我国法制的完善，司法部门对行贿犯罪的处罚力度将不断加强。

❖ 关联法律规定 ❖

《刑法》第三百八十九条　【行贿罪】为谋取不正当利益，给予国家工作人员以财物的，是行贿罪。

在经济往来中，违反国家规定，给予国家工作人员以财物，数额较大的，或者违反国家规定，给予国家工作人员以各种名义的回扣、手续费的，以行贿论处。

因被勒索给予国家工作人员以财物，没有获得不正当利益的，不是行贿。

第三百九十条　对犯行贿罪的，处五年以下有期徒刑或者拘役；因行贿谋取不正当利益，情节严重的，或者使国家利益遭受重大损失的，处五年以上十年以下有期徒刑；情节特别严重的，处十年以上有期徒刑或者无期徒刑，可以并处没收财产。

行贿人在被追诉前主动交待行贿行为的，可以减轻处罚或者免除处罚。

第三百九十三条　【单位行贿罪】单位为谋取不正当利益而行贿，或者违反国家规定，给予国家工作人员以回扣、手续费，情节严重的，对单位判处罚金，并对其直接负责的主管人员和其他直接责任人员，处五年以下有期徒刑或者拘役。因行贿取得的违法所得归个人所有的，依照本法第三百八十九条、第三百九十条的规定定罪处罚。

《人民检察院直接受理立案侦查案件立案标准的规定（试行）》（1999年9月16日实施）

（五）行贿案

行贿罪是指为谋取不正当利益，给予国家工作人员以财物的行为。

在经济往来中，违反国家规定，给予国家工作人员以财物，数额较大的，或者违反国家规定，给予国家工作人员以各种名义的回扣、手续费的，以行贿罪追究刑事责任。

涉嫌下列情形之一的，应予立案：

1. 行贿数额在1万元以上的；

2. 行贿数额不满1万元，但具有下列情形之一的：

（1）为谋取非法利益而行贿的；

（2）向3人以上行贿的；

（3）向党政领导、司法工作人员、行政执法人员行贿的；

（4）致使国家或者社会利益遭受重大损失的。

因被勒索给予国家工作人员以财物，已获得不正当利益的，以行贿罪追究刑事责任。

（八）单位行贿案

单位行贿罪是指公司、企业、事业单位、机关、团体为谋取不正当利益而行贿，或者违反国家规定，给予国家工作人员以回扣、手续费，情节严重的行为。

涉嫌下列情形之一的，应予立案：

1. 单位行贿数额在20万元以上的；

2. 单位为谋取不正当利益而行贿，数额在10万元以上不满20万元，但具有下列情形之一的：

（1）为谋取非法利益而行贿的；

（2）向 3 人以上行贿的；

（3）向党政领导、司法工作人员、行政执法人员行贿的；

（4）致使国家或者社会利益遭受重大损失的。

因行贿取得的违法所得归个人所有的，依照本规定关于个人行贿的规定立案，追究其刑事责任。

四、附则

（二）本规定中有关犯罪数额"不满"，是指接近该数额且已达到该数额的百分之八十以上。

（五）本规定中有关贿赂罪案中的"谋取不正当利益"，是指谋取违反法律、法规、国家政策和国务院各部门规章规定的利益，以及谋取违反法律、法规、国家政策和国务院各部门规章规定的帮助或者方便条件。

最高人民法院、最高人民检察院《关于办理商业贿赂刑事案件适用法律若干问题的意见》（2008 年 11 月 20 日实施）

七、商业贿赂中的财物，既包括金钱和实物，也包括可以用金钱计算数额的财产性利益，如提供房屋装修、含有金额的会员卡、代币卡（券）、旅游费用等。具体数额以实际支付的资费为准。

八、收受银行卡的，不论受贿人是否实际取出或者消费，卡内的存款数额一般应全额认定为受贿数额。使用银行卡透支的，如果由给予银行卡的一方承担还款责任，透支数额也应当认定为受贿数额。

九、在行贿犯罪中，"谋取不正当利益"，是指行贿人谋取违反法律、法规、规章或者政策规定的利益，或者要求对方违反法律、法规、规章、政策、行业规范的规定提供帮助或者方便条件。

在招标投标、政府采购等商业活动中，违背公平原则，给予相关人员财物以谋取竞争优势的，属于"谋取不正当利益"。

十、办理商业贿赂犯罪案件，要注意区分贿赂与馈赠的界限。主要应当结合以下因素全面分析、综合判断：（1）发生财物往来的背景，如双方是否存在亲友关系及历史上交往的情形和程度；（2）往来财物的价值；（3）财物往来的缘由、时机和方式，提供财物方对于接受方有无职务上的请托；（4）接受方是否利用职务上的便利为提供方谋取利益。

最高人民法院、最高人民检察院《关于在办理受贿犯罪大要案的同时要严肃查处严重行贿犯罪分子的通知》（1999 年 3 月 4 日实施）

二、对于为谋取不正当利益而行贿，构成行贿罪、向单位行贿罪、单位行贿罪的，必须依法追究刑事责任。"谋取不正当利益"是指谋取违反法律、法规、国家政策和国务院各部门规章规定的利益，以及要求国家工作人员或者有关单位提供违反法律、法规、国家政策和国务院各部门规章规定的帮助或者方便条件。

对于向国家工作人员介绍贿赂,构成犯罪的案件,也要依法查处。

三、当前要特别注意依法严肃惩处下列严重行贿犯罪行为:

1. 行贿数额巨大、多次行贿或者向多人行贿的;

2. 向党政干部和司法工作人员行贿的;

3. 为进行走私、偷税、骗税、骗汇、逃汇、非法买卖外汇等违法犯罪活动,向海关、工商、税务、外汇管理等行政执法机关工作人员行贿的;

4. 为非法办理金融、证券业务,向银行等金融机构、证券管理机构工作人员行贿,致使国家利益遭受重大损失的;

5. 为非法获取工程、项目的开发、承包、经营权,向有关主管部门及其主管领导行贿,致使公共财产、国家和人民利益遭受重大损失的;

6. 为制售假冒伪劣产品,向有关国家机关、国有单位及国家工作人员行贿,造成严重后果的;

7. 其他情节严重的行贿犯罪行为。

四、在查处严重行贿、介绍贿赂犯罪案件中,既要坚持从严惩处的方针,又要注意体现政策。行贿人、介绍贿赂人具有刑法第三百九十条第二款、第三百九十二条第二款规定的在被追诉前主动交代行贿、介绍贿赂犯罪情节的,依法分别可以减轻或者免除处罚;行贿人、介绍贿赂人在被追诉后如实交代行贿、介绍贿赂行为的,也可以酌情从轻处罚。

第二篇
内部管理中的刑法风险及其防范

第二讲　职务侵占罪

随着民营企业的蓬勃发展，各类侵犯民营企业财产的犯罪案件亦大量增加，其中职务侵占罪占了相当大的比例。什么人、什么行为才构成职务侵占罪，如何保障公司的财产不受侵犯，如何"反侵占"，这些问题直接影响着民营企业的生存与发展。

【钱程职务侵占案】 原北京音乐厅总经理、国家交响乐团副团长钱程，与他人共同出资设立了北京赛洛艺术品有限公司（以下简称赛洛公司）。1997年2月至1998年11月间，钱程利用其经营管理赛洛公司的职务便利，将应由赛洛公司收取的北京音乐厅与北京西单赛特商场、北京长途电话局、摩托罗拉（中国）电子有限公司、北京市商业银行四单位的包场费共计776720元，转入其个人控股的钱程文化公司和钱程艺术公司，并以演出费、制作费、策划费等名义挂账，作为公司营业收入形成利润，用于支付以其妻个人名义购买的王府井世纪大厦某公寓房款。2004年4月21日，北京市西城区人民法院以职务侵占罪判处钱程有期徒刑8年，并处没收个人部分财产。钱程不服提起上诉。2004年8月4日，北京市第一中级人民法院对此案作出终审裁定：驳回上诉，维持原判。①

一、什么是职务侵占罪

根据我国《刑法》第271条的规定，职务侵占罪是指公司、企业或其他单位的工作人员，利用职务上的便利，将本单位的财物非法占为己有，数额较大的行为。

所谓"利用职务上的便利"，一般是指行为人利用自己在本单位担任的职务，如董事、监事、经理、会计等，并因这种职务所产生的便利条件，即管理、经手本单位财务的便利。对于不是利用职务上的便利，而是利用工作上的便利，如公司经理秘书利用其有经理办公室钥匙的工作便利条件，将放至经理办公室的单位财物，占为己有的行为，则不能认定构成职务侵占罪，但如果数额较大的，则可能构成盗窃罪。

可以说，职务侵占罪是我国现行刑法特地为保护民营企业等非国有企业财产权量身定做的罪名，体现在两个方面：

一是只有非国有公司（主要包括民营企业、外资公司）中的工作人员，包括从事管理工作的人员，也包括从事技术、劳务的人员才可以构成职务侵占罪。

二是职务侵占罪侵犯的是非国有公司的财产权，主要包括民营企业的财产权。

该罪的犯罪行为客观上表现为行为人"利用职务上的便利"、将自己主管、管理或经手的单位财物以窃取、骗取等方式非法占为己有。通俗地讲，职务侵占行为就是非国有公司工作人员的贪污行为。

---

① 参见《演出大鳄 断送远大"钱程"》，载新浪网2004年8月4日。

这里需注意的是，在国有资本控股、参股的股份有限公司中从事管理工作的人员，除受国家机关、国有公司、企业、事业单位委派从事公务的以外，不属于国家工作人员。这些人如果利用职务上的便利，将本单位数额较大的财物非法据为己有的，也应认定为职务侵占罪。

在本案中，钱程利用其总经理的职务便利，将赛洛公司的包场费非法占为己有，且数额巨大，已经构成了职务侵占罪，应依法予以严惩。

二、职务侵占罪的行为方式

职务侵占行为相当于非国有公司、企业工作人员的"贪污"行为，这一点无疑警示民营企业在时刻防御外部商业风险的同时，也要注意"家贼不可不防"的内部风险。因此，一个成熟的企业不仅需要通过完善自身规章制度和慎重执行商业决策来预防各种内外风险，更需要加强员工的法律意识，互相监督。针对职务侵占罪，每一个民营企业均有必要了解其犯罪的行为方式。

职务侵占罪属于财产性犯罪，其行为方式表现为行为人利用职务上的便利，将自己主管、管理或经手的单位财物以窃取、骗取等方式非法占为己有。因此，这里所说的"窃取、骗取等方式"极易使人们联想到盗窃罪、诈骗罪、贪污罪等与财产相关的犯罪行为。

◈关联案例◈2003年10月至11月期间，余某某、肖某某、周某某（余某某之妻）以江津市永兴塑料化工厂的名义，为江津市永兴塑料化工厂、江津市永兴服装厂、江津市染织厂58名职工办理社会养老保险。在办理过程中，三人商量决定，对未达到和已达到退休年龄职工每人分别收取活动费2000元、3000元，用于办理社会养老保险开支。三人以江津市永兴塑料化工厂的名义共向49名职工收取活动费125680元。2003年10月底，三人为58名职工办理了社会养老保险证，收取的活动费实际支出各种费用35591.30元，尚余9万多元，由周某某保管。余后均从中取出2.6万元用于缴纳自己和周某某的社会养老保险费，取出1.34万元为肖某某缴纳社会养老保险费。肖某某以送人为由领取2万元用于归还自己在江津市信用社的贷款1万元，余款1万元以其妻李某名字存入银行。周某某占有2.6万元用于购买永兴塑料化工厂房屋归自己所有。案发后，余某某、周某某退出赃款49200元，肖某某退出赃款38800元。①

检察机关认为三被告人以非法占有为目的，采取隐瞒真相的方法，骗取他

---

① 参见雷世权：《职务侵占罪的几个问题》，载http://www.hl.jcy.gov.cn/detail.cfm?newsid=278642922F&id=218B408539EDFDDD0EC4FBF3473C86D9C4DD13FF。

人钱财,数额巨大,应当以诈骗罪追究其刑事责任。而法院经审理认为三被告人的行为在为企业职工办理了社会养老保险手续后,是利用职务之便将本单位财产非法占为己有,数额较大,构成职务侵占罪。

所谓诈骗罪,是指刑法上规定行为人以非法占有为目的,虚构事实,隐瞒真相,诈骗公私财物数额较大的行为。与职务侵占罪的区别主要表现在以下几点:

1. 职务侵占罪的犯罪主体是非国有公司、企业或其他单位的人员,而诈骗罪的主体较职务侵占罪更加宽广,不限于以上单位的人员。

2. 职务侵占罪所描述的骗取是行为人基于利用职务之便,也就是说本罪中的行为人的行为方式上离不开其利用职务的便利来侵犯其所在的公司、企业或其他单位的财产。而诈骗罪中的行为人在实施诈骗时,则不要求必须利用职务便利,且诈骗的财产,也不要求必须是公司、企业或其他单位的财产。

由此可见,上述案例中,检察机关在认定三被告人构成诈骗罪时,并没有全面考虑行为人的犯罪手段,忽视了三被告人是利用其为单位职工办理养老保险的职务便利,将单位财物据为己有的。

此外,职务侵占罪在行为方式上也会表现为"窃取"。这个字眼也很容易迷惑非法律人士,认为公司的职工利用职务便利窃取公司财产为己所有,实质上就是"家贼"盗窃了公司的财产,从而冠以"贼"的字眼。

实际上,无论在行为主体还是在行为手段上,刑法对于盗窃罪和职务侵占罪有十分严格的区分。所谓盗窃罪是指行为人以非法占有为目的,秘密窃取公私财物,数额较大的行为。盗窃罪的主体仅限一般的个人,且无须利用职务便利。因而,如果"家贼"是利用职务上的便利将公司财物占为己有,则构成职务侵占罪。反之,"家贼"如果没有利用职务的便利,即使采取了秘密窃取的手段,将公司财物占为己有,也不构成职务侵占罪,而是应认定为盗窃罪。因此,所谓的"家贼"虽然涵盖了很大的外延,但也只是通俗的称谓。在严谨的法律面前,"家贼"有可能构成盗窃罪,也有可能构成职务侵占罪。

三、律师提示

(一)职务侵占罪与非罪的界限

根据《刑法》第271条规定,行为人利用职务上的便利,将本单位的财物非法占为己有,必须达到"数额较大"才能构成犯罪,那么如何在司法实践中,认定本罪中的"数额较大"呢?根据2001年4月18日最高人民检察院、公安部联合发布的《关于经济犯罪案件追诉标准的规定》第75条的规定,将单位财物非法占为己有，数额在 5000 元至 1 万元以上的，则可以认定为"数额较大"。因而，只有行为人侵占单位财物达到上述数额标准的，才构成职务侵占罪；否则虽然实施了职务侵占行为，也不构成犯罪，但单位可以通过民事诉讼途径，要求侵占人返还财物，并可以要求其赔偿损失。

（二）股东侵占自己出资企业的财产是否会构成职务侵占罪

答案是肯定的。因为，股东（不管是大股东还是小股东）侵占的企业财物，虽然有部分是自己出资形成的财产，但它在出资后已经属于企业所有，而不再是股东的个人财产。有的企业股东缺乏基本的公司法律常识，他们对于企业财产的认识仍然停留在个人财产和公司财产混淆的阶段。实际上，我国《公司法》对股东个人财产和由股东出资财产而形成的公司财产有了明确的性质界定。《公司法》第 3 条规定：公司是企业法人，有独立的法人财产，享有法人财产权。股东出资以后，其出资的个人财产已经转化为公司财产。因此，为了更好地保护企业财产，也为了保障股东个人的利益，警惕遭受刑法追究的风险，股东在区分个人财产和企业财产方面应该打破旧观念，了解相关法律的常识规定，对公司财产的性质界定有清醒的认识。如果股东违反企业管理的法律规定而擅自侵占企业财产，不仅侵犯了其他股东的权利，而且还侵犯了企业的财产所有权，甚至可能构成犯罪。

这里需要注意的是，股东构成职务侵占罪有一个前提，即股东必须是利用职务上的便利，也就是说，如果股东没有担任诸如董事长、总经理、经理或其他任何经营管理职务，他就没办法利用职务之便，一般来说也不可能构成职务侵占罪。这就更加提醒了担任企业高级管理人员的企业股东应该以身作则，切勿认为自己掌握着很大的职务便利就随意占用公司资产。殊不知，任何的贪念造就的触犯刑法的行为都将受到刑法的公正裁决。

❖**关联案例**❖ 曾为金正公司董事长的万平，利用其担任广东金正电子有限公司董事长的职务便利，为购买杨某拥有的东莞金正公司的股权，擅自将广东金正公司账户内资金 3200 多万元支付给杨某。2005 年 6 月 13 日，山西晋中市中级人民法院一审判处万平犯职务侵占罪，判处有期徒刑 15 年，并处没收个人全部财产。万平不服一审判决上诉至山西省高级人民法院。2005 年 10 月 8 日山西省高级人民法院作出"驳回上诉，维持原判"的终审裁定。①

此前万平曾是广东金正公司的第一大股东，持有广东金正公司 65.91% 的

---

① 参见黄汉英：《金正原董事长被判入狱 15 年 "万平案"盖棺定论》，载人民网 2005 年 10 月 28 日，http://it.people.com.cn/GB/42891/42893/3809113.html。

股权。其在公司里掌握了很大的职务权力和便利。但是其违背了作为公司高级管理人员应该肩负的职责和义务，利用手中的权力和职务谋取一己私利，走上了刑事犯罪的不归路，最终付出了沉重的代价。这一案例充分地说明：如果民营企业的股东违反企业管理规定，以个人身份擅自支配企业财产，完全可以构成职务侵占罪。

（三）非本企业的人员是否可能构成职务侵占罪

刑法上规定职务侵占罪的主体是公司、企业或其他单位的工作人员，即非国有公司的工作人员。此类人员利用职务便利侵占公司财产往往一旦发现还有可能掌握到充足的证据来证明其犯罪的事实。但是，随着市场经济越来越放活，人们的商业行为自由多样。企业人员侵占公司财产并不局限于单一的内部作案。在民营企业中，职务侵占犯罪往往内外勾结，共同作案。犯罪人往往能够变换多种手段，此类作案方式也越发隐秘且有增多之势，对企业增强反侵占的防范能力提出了挑战。

那么，在经济活动中，本企业的职员和非本企业的人员相勾结利用前者的职务便利侵占企业财产，是否构成职务侵占罪呢？比如在销售领域，业务员和客户串通，采取多领钱、少付款的方式侵吞货款。客户貌似很无辜，实际上其相互勾结的行为已经暴露了其非法占有的目的，以及其与业务员达成了利用业务员职务便利谋取该业务员公司财物的犯罪故意。根据最高人民法院《关于审理贪污、职务侵占案件如何认定共同犯罪几个问题的解释》第2条的规定，"行为人与公司、企业或者其他单位的人员勾结，利用公司、企业或者其他单位人员的职务便利，共同将该单位财物非法占为己有，数额较大的，以职务侵占罪的共犯论处"。因此，非本企业的人员与本企业工作人员相互勾结，共同侵吞、窃取、骗取本企业财产的，构成职务侵占罪的共犯。在共同犯罪情形下，非本企业的人员的犯罪行为也难逃刑罚的惩罚。

但要注意的是，如果非本企业的人员没有与本企业工作人员相互勾结，共同侵吞、窃取、骗取本企业财产，即使实施了侵占企业财产的行为，也不构成职务侵占罪。

例如，某企业的会计甲携带一密码箱外出支付货款，内装现金数万元，到达某市后住在其朋友乙家。为安全起见，将密码箱交乙代为保管。乙见财起意，将密码箱转移藏匿，占为己有，二日后对甲谎称密码箱被盗。待报案后，公安人员令其交出，乙拒不交出。显然，乙不是企业的在职人员，也没和企业工作人员相勾结利用其职务之便侵吞公款，因而，不能认定为职务侵占罪，但乙的这种行为可能构成侵占罪。

(四) 民营企业员工因为薪酬纠纷等原因而擅自截扣公司款项的行为是否能构成职务侵占罪

现实中，民营企业的员工因为薪酬纠纷等原因而擅自截扣公司款项的情况是很多的。公司对这类情形往往防不胜防，员工这么做到底对不对呢？不但不对，而且极有可能构成职务侵占罪。员工往往会觉得很委屈：是公司先拖欠我的工资、是公司违反劳动合同在先、是老板先不兑现我应得的奖金我才这么做的啊！我这么做也是为了拿回我应得的报酬啊！许多具有此类经历的员工都会有此类似的共鸣。

但即使如此，只要员工出于占为己有的目的而利用职务之便擅自截扣公司款项，就符合职务侵占罪的法定要件，就是犯罪行为。因为员工们的行为看似是为了维护自身的权益，但其行为实质上不仅扰乱了公司的正常秩序，给公司造成了损失，更重要的是侵犯了自身职务的廉洁性。试想，如果人人都采取此类不理智的行为，则不仅使所有的经济活动会陷于混乱，也是对法律的威慑力的藐视和挑战。至于员工与公司的纠纷，建议员工通过合法、正当的途径去解决问题以达到维护自身的合法权益的目的。一时冲动不但不能解决问题，反而会使自己从有理变成无理、从合法变成违法，甚至可能构成犯罪。

(五) 职务侵占罪的量刑

我国《刑法》第271条规定，犯职务侵占罪的，量刑起点为5年以下有期徒刑或拘役；数额巨大的（10万元以上），处5年以上15年以下有期徒刑，可以并处没收财产。

根据最高人民法院、最高人民检察院《关于办理妨害预防、控制突发传染病疫情等灾害的刑事案件具体应用法律若干问题的解释》的规定，侵占用于预防、控制突发传染病疫情等灾害的款物，构成犯罪的，以职务侵占罪，从重处罚。

❖ 关联法律规定 ❖

《刑法》第二百七十一条 【职务侵占罪】公司、企业或者其他单位的人员，利用职务上的便利，将本单位财物非法占为己有，数额较大的，处五年以下有期徒刑或者拘役；数额巨大的，处五年以上有期徒刑，可以并处没收财产。

国有公司、企业或者其他国有单位中从事公务的人员和国有公司、企业或者其他国有单位委派到非国有公司、企业以及其他单位从事公务的人员有前款行为的，依照本法第三百八十二条、第三百八十三条的规定定罪处罚。

最高人民法院《关于审理贪污、职务侵占案件如何认定共同犯罪几个问题的解释》（2000年7月8日实施）

第二条 行为人与公司、企业或者其他单位的人员勾结，利用公司、企业或者其他单位人员的职务便利，共同将该单位财物非法占为己有，数额较大的，以职务侵占罪共犯论处。

第三条 公司、企业或者其他单位中，不具有国家工作人员身份的人与国家工作人员勾结，分别利用各自的职务便利，共同将本单位财物非法占为己有的，按照主犯的犯罪性质定罪。

最高人民检察院、公安部《关于经济犯罪案件追诉标准的规定》（2001年4月18日实施）

七十五、职务侵占案

公司、企业或者其他单位的人员，利用职务上的便利，将本单位财物非法占为己有，数额在五千元至一万元以上的，应予追诉。

最高人民法院、最高人民检察院《关于办理妨害预防、控制突发传染病疫情等灾害的刑事案件具体应用法律若干问题的解释》（2003年5月15日实施）

第十四条 贪污、侵占用于预防、控制突发传染病疫情等灾害的款物或者挪用归个人使用，构成犯罪的，分别依照刑法第三百八十二条、第三百八十三条、第二百七十一条、第三百八十四条、第二百七十二条的规定，以贪污罪、侵占罪、挪用公款罪、挪用资金罪定罪，依法从重处罚。

最高人民法院《关于办理违反公司法受贿、侵占、挪用等刑事案件适用法律若干问题的解释》（1996年1月24日实施）

二、根据《决定》（注：指全国人大常委会《关于惩治违反公司法的犯罪的决定》）第十条的规定，公司和其他企业的董事、监事、职工利用职务或者工作上的便利，侵占本公司、企业财物，数额较大的，构成侵占罪。

《决定》第十条规定的"侵占"，是指行为人以侵吞、盗窃、骗取或者以其他手段非法占用本公司、企业财物的行为。

实施《决定》第十条规定的行为，侵占公司、企业财物五千元至二万元以上的，属于"数额较大"；侵占公司、企业财物十万元以上的，属于"数额巨大"。

六、各高级人民法院可以根据本地实际情况，按照本解释规定的受贿、侵占、挪用的定罪数额幅度，确定本地区执行的具体数额标准，并报最高人民法院备案。

第三讲　挪用资金罪

在民营企业经营活动中，由于管理制度特别是财务制度的不规范，经常会发生企业工作人员利用职务之便，将企业资金挪为己用的行为，严重影响了企业正常的生产和经营。挪用资金罪，就是我国刑法为打击前述行为而设计的，是从挪用公款罪延伸出来的罪名。这一罪名的设立是为了更好地保障非国有企业包括民营企业在内的资产安全，也体现了我国现行法律对私有财产的有效保护。

【闫纯德挪用资金案】 闫纯德，原系河北大正公路开发有限公司（以下简称大正公司）法人代表、董事长，河北华正国际企业集团公司（以下简称华正集团）法人代表、董事长，华正公路投资发展股份有限公司（以下简称华正公路）董事长，一位传奇式民营企业家，先后担任了河北省及全国政协委员、全国工商联执委，曾大声疾呼"赦免民营企业家在资本原始积累过程中的原罪"的风云人物，却因为触犯刑法，而锒铛入狱。

2002年8月，石家庄市中级人民法院在执行河北某公司与华正集团因股权转让合同纠纷一案过程中，裁定追加华正集团持有部分股份的大正公司为被执行人，承担清偿责任，从大正公司银行存款中扣划307万余元。几年后，法院作出撤销大正公司承担赔偿责任的裁定。本来这笔307万余元的款项应该顺理成章地回到大正公司，但闫纯德指使其女闫丽莎伪造了大正公司的公章、财务专用章和法人章，到银行开立了虚假的公司账户，使得这笔款被划进了假账户。在不足一个月的时间内，闫丽莎先用转账的形式将294万余元转入大正公司账户，之后提现转入个人的3个存款账户。在把假账户上不足300元的余款转入华正集团账号后，闫丽莎将假账户销户。闫丽莎提现的200多万元被闫纯德投资到华正集团控股的多家公司。虽然300多万元资金根本没有回到大正公司，但闫纯德还是主持召开华正集团董事会，作出了将该笔款项作为华正集团向大正公司借款的决议。2007年8月17日，河北省冀州市人民法院一审认定，闫纯德犯挪用资金罪，判处有期徒刑4年，其女闫丽莎被判有期徒刑3年，追缴二被告人挪用的资金197.038万元，返还大正公司。[①]

一、什么是挪用资金罪

根据《刑法》第272条的规定，挪用资金罪是指公司、企业或者其他单位的工作人员，利用职务上的便利，挪用本单位资金归个人使用或借贷给他人使用，数额较大、超过3个月未还的，或者虽未超过3个月，但数额较大、进行营利活动的，或者进行非法活动的行为。

构成本罪的主体是特定的，必须是公司、企业或者其他单位的工作人员等非国家工作人员，其范围伸缩大到公司董事、监事，小到一般职工。不仅包括民营企业、外资企业，而且包括非国有的商业银行、证券交易所、证券公司、保险公司等金融机构的工作人员，这些人员挪用本单位资金或本单位占有使用的客户资金的，也以该罪定罪处罚。另外，还包括在国有公司、国有企业、中

---

① 参见《河北大正公司原董事长闫纯德一审获刑4年》，载新浪网2007年8月23日国内新闻，http://news.sina.com.cn/c/2007-08-23/082612437979s.shtml。

外合资、中外合作股份制公司、企业中不具有国家工作人员身份的所有其他职工以及受国家机关、国有公司、企业、事业单位、人民团体委托，管理、经营国有财产的非国家工作人员。具有国家工作人员身份的人，不能成为本罪的主体，只能成为挪用公款罪的主体。

所谓"挪用本单位资金归个人使用或借贷给他人使用"，就是指挪用本单位资金归本人或其他自然人使用，或者挪用人以个人名义将所挪用的资金借给其他自然人或单位。行为人挪用的对象，只能是本单位的资金，而不包括实物等其他财产。如果挪用的是单位实物，一般不构成犯罪，这与我们前述章节讲的职务侵占罪侵占的对象有所不同，职务侵占罪的侵占对象既可以是单位资金也可以是单位的实物。

在挪用资金罪中，行为人的目的在于非法取得本单位资金的使用权，但并不企图永久非法占有，而是准备用后归还；如果行为人目的在于非法取得本单位财物的所有权，而并非暂时使用，则不构成本罪，而可能构成职务侵占罪。

本案中，闫纯德利用担任大正公司和华正集团董事长的职务便利，在大正公司占有30%股份的光大公司的两名董事不知情的情况下，操纵没有决定权的华正集团董事会，将大正公司的资金挪用给其本人具有股份的私有企业使用，谋取个人利益。闫丽莎在闫纯德的授意下，非法刻制大正公司公章、财务专用章、法人章，设立大正公司账号，积极配合被告人闫纯德挪用大正公司的资金，谋取个人利益，属共同犯罪，二被告人的行为均已构成挪用资金罪，且数额巨大，理应受到法律的严惩。

二、挪用资金罪的行为方式

资金是企业生存与发展的"血液"，关系到企业的生死存亡。任何侵犯企业资金的行为，都将危及企业发展的基石，对企业造成巨大危害。因此，刑法设计挪用资金罪，就是为了警示擅自挪用单位资金行为，保障公司、企业或者其他单位资金的安全和使用收益权。

挪用资金罪的行为方式主要表现在"挪用"上。所谓"挪用"，是指无权动用而不经批准许可，违反公司财务制度，擅自将公司资金挪作私用；或者虽有权动用，但违反公司财务制度，私自将公司资金挪作私用。行为人一经实施"挪用"的行为，就侵害了公司资金款项的专有权，改变了资金款项的用途，从而危害了公司对资金的占有、使用和收益，损害了企业工作人员职务廉洁性，同时也就具备了严重社会危害性。

根据《刑法》规定，"挪用"主要包含以下三种行为方式：

(一)挪用本单位资金归个人使用或者借贷给他人,数额较大、超过三个月未还的

这是较轻的一种挪用行为,行为人利用职务上主管、经手本单位资金的便利条件而挪用本单位资金,其用途主要是归个人使用或者借贷给他人使用,但未用于从事不正当的经济活动,而且挪用数额较大,且时间上超过三个月而未还。这里的"个人使用"是指挪用资金用于自己或者其他个人的合法生活、非经营性支出等合法用途。所谓的"数额较大不退还"是指挪用人由于客观上的原因而不能归还。如果行为人挪用单位资金后主观上转化为不愿意、不打算归还,或者携款潜逃的,则该行为性质转化为侵占,应认定为职务侵占罪。

例如,某公司财务经理林某挪用单位资金10万元,以个人的名义出借给朋友做生意急用,并打算在朋友还钱后就归还这笔款。半年后,朋友归还林某10万元,林某觉得该挪用行为一直未被公司发现,遂萌生了将该款据为己有的念头,为此林某利用其担任财务经理的职务便利,采取作假账的方式核销了该10万元的债务账目。此时,林某的行为已转化为非法占有的侵占行为,构成职务侵占罪。

(二)挪用本单位资金归个人使用或者借贷给他人,虽未超过三个月,但数额较大,进行营利活动的

这种行为没有挪用时间是否超过三个月以及超过三个月是否退还的限制。只要数额较大,且进行营利活动就构成犯罪。所谓"营利活动",是指合法的营利活动,不包括非法的营利活动,主要是指存入银行,或者进行经商、投资、购买股票、债券或彩票等行为活动。将挪用的资金用于归还个人在经营活动中的欠款,也属于进行营利活动。

◈关联案例◈原上海银行股份有限公司江川路支行营业部经理周裕明,2004年4月12日,利用账户管理、对账的职务便利,伪造特种转账借方传票,虚构本单位资金,私自填具贷记凭证,将300万元划至其个人开设的账户内,用于股票交易,进行营利活动。2004年6月14日至2006年1月9日,周裕明又先后7次利用职务便利,虚增提出贷方金额,并将虚增的款项私自填具贷记凭证划出,将本单位资金1.07亿元划转至个人开设的账户内,用于股票交易,进行营利活动。之后,周裕明先后两次将挪用的资金8020万元划回本单位。案发后,周裕明退缴了赃款983.4万余元,其亲属代为退缴了赃款16.3万元。但尚余2000余万元未还。上海市闵行区人民法院认定其行为构成

挪用资金罪,判处有期徒刑9年,并责令退赔2000余万元。①

(三)挪用本单位资金归个人使用或者借贷给他人,进行非法活动的

这种行为没有挪用时间及数额的限制,只要挪用了本单位资金,进行非法活动的就构成本罪。所谓"非法活动",就是指将挪用来的资金用来进行走私、赌博、吸毒、嫖娼和非法经营、发放高利贷等为国家法律、行政法规所禁止的行为活动。

❀关联案例❀2005年11月至2007年7月期间,张某某在中国工商银行股份有限公司某支行北门储蓄所工作期间,为继续筹资参与赌博、从事地下六合彩活动而翻本,利用其柜员的职务之便,将储户张某、张甲等人的存款共计1636217.04元存入其个人工行贷记卡、信用卡等银行卡之中或直接收取而出具"收条",挪用归个人使用,除少部分用于进行营利性活动和个人生活开支外,其余用于赌博、从事地下六合彩的非法活动等,除已归还83367.04元外,其余储户存款1552850元现已无力归还。2008年2月,人民法院经审理认定其利用担任银行柜员的职务上的便利,多次挪用储户存款归个人使用,数额巨大,进行非法活动,已构成挪用资金罪,判处有期徒刑7年。

这里要特别注意的是,行为人只要具备上述三种行为中的一种就可以构成本罪,而不需要同时具备。此外,上述挪用资金行为必须是利用职务上的便利,所谓利用职务上的便利,是指公司、企业或者其他单位中具有管理、经营或者经手财物职责的经理、厂长、财会人员、购销人员等,利用其具有的管理、调配、使用、经手本单位资金的便利条件,将资金挪作私用。另外,公司、企业或者其他单位的工作人员利用职务之便以借据、借条、收据等形式支取资金,往往是实践中挪用资金罪常见的犯罪手段。

三、律师提示

(一)挪用资金罪与非罪的界限

挪用本单位资金的行为,有挪用本单位资金的一般违法违纪行为和挪用本单位资金的犯罪行为之分。区分二者之间的界限,主要可以从以下两个方面分析:

其一,挪用本单位资金的数额。这是衡量挪用本单位资金的行为的社会危

---

① 参见《上海银行原经理周裕明挪用1.1亿元炒股获刑9年》,载网易2006年10月26日,http://biz.163.com/06/1026/11/2UC0FLF700020QEV.html。

害性的一个重要方面，对于挪用单位资金罪中"数额较大，超过3个月未还的"、"虽未超过3个月，但数额较大、进行营利活动的"这两种情形来说，"数额较大"是构成犯罪的必备要件。因此，在这种情况下，是否达到"数额较大"，就成为区分一般的挪用本单位资金的违法违纪行为和挪用单位资金罪的重要标准之一。对于挪用单位资金罪中"进行非法活动的"这种情况，虽然本法并未规定数额上的要求，但是，从有关的司法解释的精神看，挪用数额很小，社会危害性不大的，并不作为犯罪，而只是作为一般的违法违纪行为处理。根据最高人民检察院、公安部《关于经济犯罪案件追诉标准的规定》，挪用单位资金行为具备下列任何一种情况即构成犯罪：第一，挪用单位资金数额在1万至3万元以上，并进行营利活动的；第二，挪用单位资金数额在1万元至3万元以上归个人或他人使用，且超过3个月未还的；第三，挪用单位资金5000元至2万元以上，进行非法活动的。

其二，挪用本单位资金的时间。这是衡量挪用本单位资金的行为的社会危害性的另一个重要方面。对于本罪中"数额较大、超过3个月未还的"这种情况而言，"超过3个月未还"就是构成挪用资金罪的必备要件。在这种情况下，挪用本单位资金是否超过3个月未还就成为区分一般的挪用本单位资金的违法违纪行为和挪用资金罪的界限的重要标准之一。对于挪用资金罪中"虽未超过3个月，但数额较大、进行营利活动的"、"进行非法活动的"这两种情况，虽然刑法中并无时间长短的要求，但是，如果挪用的时间很短，造成的社会危害性不大，可以作为《刑法》第13条规定的"情节显著轻微危害不大"的情况，不认为是犯罪，作为一般的挪用本单位资金的违法违纪行为处理。

（二）如何正确区分挪用资金罪中"挪用资金借贷给他人使用"的行为与民事活动中的"出借"行为

挪用资金罪中的挪用，是指未经批准或许可违反单位财务制度而擅自动用本单位的资金归个人使用或借贷给他人使用的行为，这里的"借贷给他人使用"是指以本人名义借贷给他人使用或私自以单位名义借贷给他人使用；"出借"则是指本单位与他人签订合同或协议，自愿将单位资金出借给他人使用的民事法律行为。挪用资金借贷给他人使用，是法律所不允许的，侵犯了单位对资金的使用权，可能构成犯罪；而单位自己的出借行为，则有利于单位合理地利用闲散资金，赚取合理的回报，即使单位与单位之间的拆借，虽然不合法，但也是一般的违法行为，不构成犯罪，因而，两者在法律性质上有本质区别。但特别需要注意的是，当单位的法定代表人或单位负责人对外出借本单位资金时,如何认定其将资金借给他人使用的行为,特别是以单位名义借给他人使用是属于民事行为的"出借",还是刑法意义上的"挪用"就比较困难。另外,在司法实践中存在一些犯罪分子利用借款之名行挪用之实的情况,使用人与挪用人之间往往签有合同、协议或借据,有的甚至明确规定了资金借用的期限和利息,这也使得"挪用"和"出借"两者之间的界限容易混淆。

要正确区分出借行为和挪用行为,关键在于明确将单位资金借与他人使用的行为是基于谁的意志,资金出借如果是由单位集体意志决定的,以单位名义出借的,则不构成挪用;如果是由个人意志决定的,包括是由单位法定代表人或负责人个人决定的,以个人名义出借,则可构成挪用。另外,从出借单位资金的目的上看,如果是出于充分利用单位资金,为了单位利益而出借的,则不构成挪用;如果是出于个人目的,特别是单位负责人为谋取个人私利,而将单位资金借与他人使用,则可构成挪用。

(三) 企业高级管理人员往往是挪用资金犯罪的高发群体

在企业中担任董事长、总经理、财务负责人等高级管理人员,掌控着企业的资金流向、资金审批等大权。由于职务的特殊性,决定了其对企业资金拥有极大的支配权,也为其进行挪用资金犯罪提供了诸多的便利条件。正是这一部分高级管理人员职务上的特殊性造成了现实经济活动中他们往往是挪用资金犯罪的高发群体。恰恰有那么一小部分人并没有认识到自身的权力和义务是相统一的,所居的职位越高,承担的责任越大。相反,他们想到的却是如何从自己的职位上谋取一己私利,从而落入法网,为自己的行为付出沉重的代价。

备受全国关注的科龙电器原董事长顾雏军因涉嫌经济犯罪被捕入狱,其中一项被控罪名就是"挪用资金罪",公诉机关控称顾雏军挪用科龙电器财产用于偿还其私人公司格林柯尔公司在银行的贷款及其他公司欠款。顾雏军身为企业的董事长,擅自破坏公司的相关制度,为了一己私利,置企业的财产利益于不顾,最终受到了刑罚的惩罚。这说明民营企业特别是上市公司的高级管理人员,即便其是拥有绝对控股权的大股东,也一定要谨言慎行,不可随意地处分公司资产,否则将很有可能被追究刑事责任。

(四) 挪用资金罪的量刑

《刑法》第272条规定,构成挪用资金罪的,量刑起点为3年以下有期徒刑或拘役,挪用单位资金数额巨大(一般为15万元至20万元以上)的,或者数额较大(1万元至3万元以上)不退还的,处3年以上10年以下有期徒刑。

根据最高人民法院、最高人民检察院《关于办理妨害预防、控制突发传染病疫情等灾害的刑事案件具体应用法律若干问题的解释》的规定，挪用用于预防、控制突发传染病疫情等灾害的款物归个人使用，构成犯罪的，以挪用资金罪定罪，从重处罚。

❀ 关联法律规定 ❀

《刑法》第二百七十二条 **【挪用资金罪】**公司、企业或者其他单位的工作人员，利用职务上的便利，挪用本单位资金归个人使用或者借贷给他人，数额较大、超过三个月未还的，或者虽未超过三个月，但数额较大、进行营利活动的，或者进行非法活动的，处三年以下有期徒刑或者拘役；挪用本单位资金数额巨大的，或者数额较大不退还的，处三年以上十年以下有期徒刑。

国有公司、企业或者其他国有单位中从事公务的人员和国有公司、企业或者其他国有单位委派到非国有公司、企业以及其他单位从事公务的人员有前款行为的，依照本法第三百八十四条的规定定罪处罚。

第一百八十五条 商业银行、证券交易所、期货交易所、证券公司、期货经纪公司、保险公司或者其他金融机构的工作人员利用职务上的便利，挪用本单位或者客户资金的，依照本法第二百七十二条的规定定罪处罚。

最高人民检察院、公安部《关于经济犯罪案件追诉标准的规定》（2001年4月18日实施）

七十六、挪用资金案

公司、企业或者其他单位的工作人员，利用职务上的便利，挪用本单位资金归个人使用或者借贷给他人，涉嫌下列情形之一的，应予追诉：

1. 挪用本单位资金数额在一万元至三万元以上，超过三个月未还的；
2. 挪用本单位资金数额在一万元至三万元以上，进行营利活动的；
3. 挪用本单位资金数额在五千元至二万元以上，进行非法活动的。

最高人民法院《关于办理违反公司法受贿、侵占、挪用等刑事案件适用法律若干问题的解释》（1996年1月24日实施）

三、根据《决定》（注：指全国人大常委会《关于惩治违反公司法的犯罪的决定》）第十一条规定，公司和其他企业的董事、监事、职工利用职务上的便利，挪用本单位资金归个人使用或者借贷给他人，数额较大、超过三个月未还的，或者虽未超过三个月，但数额较大，进行营利活动的，或者进行非法活动的，构成挪用资金罪。

实施《决定》第十一条规定的行为，挪用本单位资金一万元至三万元以上的，为"数额较大"；为进行非法活动，挪用本单位资金五千元至二万元以上的，追究刑事责任。

挪用本单位资金案发后，人民检察院起诉前不退还的，依照《决定》第十条的规定定罪处罚。

六、各高级人民法院可以根据本地实际情况，按照本解释规定的受贿、侵占、挪用的定罪数额幅度，确定本地区执行的具体数额标准，并报最高人民法院备案。

第四讲　非国家工作人员受贿罪[①]

公司、企业的人员接受他人各种名义的馈赠或回扣，并以此"礼来情往"，这似乎已成为现实经济往来中一种普遍存在的"潜规则"，但普遍地存在并不意味着合法。这种"潜规则"在达到某些条件时，就会触犯刑法的"明规则"，构成非国家工作人员受贿罪。

---

① "非国家工作人员受贿罪"是从"公司、企业人员受贿罪"演变而来。《刑法修正案（六）》第7条对原"公司、企业人员受贿罪"的罪状作了修改，因而罪名也相应修改为"非国家工作人员受贿罪"。

【宋晓峰公司、企业人员受贿案】宋晓峰原是某知名保险公司湖北分公司的负责人。2003年9月,某轮船公司琴台6号轮船出了保险事故,该公司为了谋取更高的保险赔偿,便向负责该轮船保险评估的宋晓峰行贿4万元。宋晓峰收下钱后便按照该公司要求,将6号轮船保险的损失进行不符合事实的高估。该公司因此获得了较高的保险赔偿。2006年4月13日此事东窗事发。武汉市汉阳区人民法院一审认定,宋晓峰的行为构成公司、企业人员受贿罪,鉴于其归案后认罪态度较好,从轻判处有期徒刑2年,缓刑3年。[①]

一、什么是非国家工作人员受贿罪

根据《刑法》第163条的规定,非国家工作人员受贿罪是指公司、企业或者其他单位的工作人员利用职务上的便利,索取他人财物或非法收受他人财物,为他人谋取利益,数额较大的行为。

此外,公司、企业或者其他单位的工作人员在经济往来中,利用职务上的便利,违反国家规定,收受各种名义的回扣、手续费,归个人所有的,也构成非国家工作人员受贿罪。

任何职务活动都应具有不可收买性和廉洁性,作为一种基本的职业道德,无论是对公共权力还是职业权力的标准都是一样的。作为公司、企业的工作人员,其有义务依照法律及公司章程的规定恪尽职守、忠实自律,无论是普通员工还是董事长、总经理等高级管理人员,均应保持其职务行为的廉洁性。如果其在自己职务范围内,利用其掌握的公司内幕信息或享有的处理公司事务的权力,向他人索要财物或非法收受他人财物、为他人谋取利益的,不仅侵犯了自身职务的廉洁性,损害了公司利益,而且这种通过收受交易对方的财物而实现双方交易的行为更损害了公平竞争的市场交易秩序,因而,刑法将这种行为规定为非国家工作人员受贿罪,以达到惩罚犯罪,维护正常市场经济秩序的目的。可以说,刑法规定非国家工作人员受贿罪是为了保证非国有公司、企业特别是民营企业工作人员职务行为廉洁性而设立的"高压线"和"防火墙"。

构成本罪的必须是非国家工作人员,即公司、企业或其他单位的工作人员,包括国有公司、企业以及其他国有单位中的非国家工作人员,"其他单位",既包括事业单位、社会团体、村民委员会、居民委员会、村民小组等常设性的组织,也包括为组织体育赛事、文艺演出或者其他正当活动而成立的组委会、筹委会、工程承包队等非常设性的组织。如果是国有公司、企业的国家

---

① 参见《收钱后高估损失——保险公司高管获刑》,载http://news.sohu.com/20061112/n246335201.shtml。

工作人员以及国有公司、企业委派到非国有公司、企业中从事公务的国家工作人员，则应按受贿罪，而不是按非国家工作人员受贿罪论处。

应当指出的是，行为人索取他人财物，即主动以明示或暗示的方式索要请托人财物的，只要涉嫌金额较大的，即构成本罪；而如果行为人是非法收受他人主动给予的财物的，则不但有数额较大的要求，而且还须具备"为他人谋取利益"的客观事实。可以看出，主动索贿的危害程度重于被动受贿，因此，前者构成犯罪的标准也相对较低。

本案中的宋晓峰，身为保险公司的工作人员，利用其负责保险评估的职务便利，收受"黑钱"，故意高估损失，协助他人骗取保险赔偿，其行为符合《刑法》第163条的规定，构成了非国家工作人员受贿罪。

二、非国家工作人员受贿罪的行为方式

社会主义市场经济的发展日新月异，商业贿赂犯罪的花样也在不断地翻新，手段越来越隐蔽。经营者为了谋取在竞争中的优势，通常以财物或者其他手段来贿赂对方单位的管理人员。这种对公司管理人员的贿赂行为，使受贿人不能站在维护公司利益的立场上，正确行使自己业务和管理上的权力，从而，损害公司利益，危害公司的正常管理秩序。

非国家工作人员受贿罪的行为分为两种：普通受贿行为和经济受贿行为。普通受贿行为表现为利用职务之便，索取他人财物或者非法收受他人财物，为他人谋取利益，即索贿和收受贿赂。经济受贿行为表现为在经济往来中，利用职务便利，违反国家规定收受各种名义的回扣、手续费，归个人所有。具体表现为以下几种：

（一）索贿

索贿，即主动索取他人财物的行为。所谓索取，既包括强索硬要，也包括明示或者暗示的索要并收取。索贿主要表现为以下两个方面：

1. 在他人要求公司、企业或者其他单位的工作人员通过作为或者不作为的职务行为为请求人谋取利益时，公司、企业或者其他单位的工作人员主动要求他人提供财物，明火执仗地索要贿赂，以此为要挟，迫使对方就范，作为满足对方要求的交换条件。

2. 在他人要求公司、企业或者其他单位的工作人员通过作为或者不作为的职务行为为请求人谋取利益时，公司、企业或者其他单位的工作人员以暗示的方式，暗度陈仓地索要贿赂，使用隐晦但能够领会的方法使对方为自己提供财物。

◈关联案例◈ 被告人赵某某系原中铁建设集团有限公司第33项目经理部经理，负责"财智大厦"项目工程。2003年4月，赵某某在家中收受江苏华鹏集团电器股份有限公司北京分公司业务经理师某好处费3万元。2003年11月至2004年5月间，赵某某以加快结算工程款为条件，向分包"财智大厦"防水工程的河南润峰基防腐防水有限公司项目经理龚某要求让利。"识相"的龚某立即分两次将5万元送进赵某某的办公室。2006年8月，赵某某又以提前返还4万元的维修保证金为条件，再次向龚某索要人民币2万元，龚某应允后向检察机关举报。2006年8月28日，赵某某按照约定在西五环京原路口与龚某见面，并收取了龚某2万元现金，当他准备离开现场时，被侦查人员抓获。[①] 北京市海淀区人民法院认定其行为已构成非国家工作人员受贿罪，判处赵某某有期徒刑2年。

在本案中，被告人赵某某作为中铁建设集团有限公司的工作人员，利用其职务便利，不但非法收受他人财物，而且公然向客户索要财物，数额较大，其行为已构成了非国家工作人员受贿罪，应受到法律的严惩。

（二）收受贿赂

所谓收受贿赂，是指请托人有某方面请托而主动给予财物，行为人基于为请托人谋取利益的目的予以收受的行为。收受贿赂主要表现为以下几个方面：

1. 公司、企业或者其他单位的工作人员事先收受对方的财物，基于礼尚往来而利用职务上的便利，实施或承诺实施为行贿人谋取利益的行为。

2. 基于他人的请托，公司、企业或者其他单位的工作人员利用职务上的便利，为他人谋取利益，事后受益者主动给予财物，公司、企业或者其他单位的工作人员予以收受的行为。

3. 公司、企业或者其他单位的工作人员利用职务上的便利，通过人情交往（如逢年过节、婚丧嫁娶、抱病休养等名义）收受他人财物，事前或者事后实施或承诺实施为对方谋取利益的行为，这些正当名义背后实质上隐藏的是违法的贿赂交易。

（三）经济受贿

经济受贿，是《刑法》第163条第2款明确规定构成本罪的一种特殊行为方式，是指非国家工作人员，在经济往来中，利用职务便利，违反国家规

[①] 参见李京华：《中铁建设集团一项目经理涉嫌受贿被诉》，载中国法院网2007年6月26日，http://www.chinacourt.org/html/article/200706/26/253519.shtml。

定，收受各种名义的回扣、手续费归个人所有，数额较大的行为。

◈**关联案例**◈解某某系河南四海盛景实业有限公司（以下简称四海公司）企划员，具体负责公司对外的广告发布事宜。2007年3月，四海公司看中了郑州大是广告有限公司（以下简称大是广告公司）竖立在花园路与新柳路交叉口的广告牌，就指派解某某前往联系。解某某在代表公司与大是广告公司谈判过程中，向大是广告公司提出把广告费由原来的定价1年12.8万元，提高到1年15万元，增加的2.2万元中2万元作为回扣由解某某拿走。随后，四海公司以一年15万元的价格，与大是广告公司签订了户外广告发布合同，并分两次支付了前半年的广告费共7.5万元，大是广告公司给了解某某相应的回扣1万元，2008年5月29日，解某某因涉嫌非国家工作人员受贿罪，被郑州市公安局金水分局刑事拘留，同年6月6日被逮捕。2008年7月24日，郑州市金水区人民法院认定被告人解某某犯非国家工作人员受贿罪，判处拘役3个月。①

在本案中，解某某身为非国家工作人员，在经济往来中，利用职务上的便利，收受回扣归个人所有，数额较大，是典型的经济受贿行为，其行为已触犯《刑法》第163条第2款之规定，应当以非国家工作人员受贿罪追究其刑事责任。

三、律师提示

当前许多企业人员或其他单位的工作人员始终抱有一个错觉，他们认为权钱交易只存在于贪官污吏身上，而自己所遵循的"潜规则"是刑法不能规制的。至少，在现实生活中，他们总是能够发掘和利用各种手段来隐藏其贿赂犯罪的实质。殊不知，在他们自以为正当地攫取金钱的背后，刑法的法网已经张开。非国家工作人员贿赂犯罪的社会危害性不容忽视，当前，无论是立法还是司法实践都增强了对非国家工作人员贿赂犯罪的关注。因此，民营企业在发展自身的同时，应特别警惕商业贿赂，加强企业内部管理制度的建设，强化对企业工作人员，特别是高级管理人员的监督，以免被自身体内的"蛀虫"所害。另外，特别提醒民营企业中的管理人员，切勿陷入金钱和利益诱惑的陷阱，千万不可以身试法。

---

① 参见《拿回扣，也犯罪?》，载 http://www.hntv.ha.cn/hntv/75729962874699776/20081020/39350.html。

（一）非国家工作人员受贿罪与非罪的界限

区分非国家工作人员受贿罪与非罪的界限，关键在于行为人受贿的数额。根据刑法规定，非国家工作人员受贿罪是指非国有公司、企业或者其他单位的工作人员利用职务上的便利，索取他人财物或非法收受他人财物，为他人谋取利益，数额较大的行为。因而，构成本罪，非国家工作人员受贿的财物必须达到数额较大。何谓"数额较大"，参照最高人民检察院、公安部《关于经济犯罪案件追诉标准的规定》，是指受贿数额在5000元以上。如果行为人受贿数额没有达到上述标准，就不能以非国家工作人员受贿罪论处，应按一般违法行为处理，不应认定构成犯罪。

（二）如何正确区分合法的折扣与非法的回扣

❖关联案例❖薛某是浙江省纺织品进出口有限公司下属威泰贸易有限公司（以下简称威泰公司）原业务员。2004年4月，薛某通过"环球资源"网站联系到一美国客户的大批生产各式弹力靠垫的业务，其通过"阿里巴巴"网站联系到麻某某，由其负责联系生产厂家并打样。2004年4月底5月初，经多次打样后，样品得到美国客户的认可。2004年5月份，薛某通过麻某某以威泰公司的名义下了第一份订单给杭州正龙汽车装饰用品有限公司经理林某某。后薛某自己联系了建德五星家纺有限公司董事长潘某某等5人，将订单分别下给5家企业。2004年8月起，薛某中止了与麻某某的合作，由自己直接下单给生产厂家。截至2004年11月中旬，薛某通过要求供货单位全额开具发票以低于发票的实际价格结算，并要求供货单位返还其差价的方式，向5家单位收取回扣共计人民币1796992元。2005年9月15日，浙江省杭州市上城区人民法院一审判处薛某有期徒刑6年6个月，并处没收财产20万元。[1]

本案中，薛某通过要求供货单位全额开具发票以低于发票的实际价格结算，并要求供货单位返还其差价的方式，向5家单位收取回扣，从而触犯刑法，构成犯罪。

根据刑法的规定，公司人员收受各种名义的回扣归个人所有的，构成本罪。但是，为什么仍旧有许多人为了"回扣"以身试法，前赴后继？原因在于，这些人自以为为"回扣"披上了合法的外衣。甚至，有不懂法者天真地将回扣与折扣相等同。那么，回扣与折扣这两个仅有一字之差的词汇区别究竟

---

[1] 参见《全国破获公务员商业贿赂案1603件》，载搜狐网，http://news.sohu.com/20060801/n244561596.shtml。

是在哪？所谓回扣，是指经营者销售商品时在账外暗中以金钱、实物或者其他方式退给对方单位或者个人一定比例的商品价款。而折扣是指在购销商品时，以明示并如实入账的方式给予或接受的价格优惠。换句话说，折扣是指在市场交易活动中，卖方在所成交的价款上给买方的一定比例的减让，而退还给对方的一种交易上的优惠，折扣也称让利，即价格让利。两者的区别概括起来主要有两点：首先，回扣是暗中给付和暗中收受的，而折扣是明示的，公开给付和公开收受的；其次，无论回扣的给付方还是收受方都不会将回扣入账，而折扣则是如实地记账入册。

因此，本案中薛某作为威泰公司的业务员，其通过要求供货单位返还差价的方式来暗中收取回扣归个人所有的行为明显是利用工作的便利中饱私囊、损公肥私。其行为不仅损害了公司的利益，破坏了正当的商业竞争秩序，而且触犯了刑法，构成了非国家工作人员受贿罪，理应受到刑罚的惩罚。

此外，还需注意的是，如果卖方假借促销、宣传、劳务、咨询等名义，给付对方现金的，这种款项属于非法的手续费，与回扣的法律性质一样均是违法的；如果卖方在销售商品时明确给对方提供劳动报酬，并将此如实入账，则属于合法的佣金。

（三）公司、企业工作人员在工作中接受他人馈赠也可能构成本罪

接受馈赠，是指在生活、工作中，由于人际交往的需要，接受对方赠与的礼品、财物的行为。接受馈赠的前提是出于友谊或者友好往来，与接受者的职务、地位、权力等因素无关。馈赠并不是法律禁止的行为，因此，接受正常的馈赠并且回赠，其行为性质是正常的人际交往活动。受贿是一种权钱交易行为，从客观的行为方式到主观的心理因素，与接受馈赠完全不同。接受馈赠行为不存在利用职务便利，不存在收受后为他人谋取利益。但是，接受馈赠行为也有与受贿相似和交叉的地方。实际上，有许多犯罪分子正是打着馈赠的旗号来实施贿赂犯罪。无论是掌握一定权力的国家工作人员，还是公司、企业等单位的非国家工作人员在接受馈赠，或者在接受馈赠后回报对方以财产或者利益时，一定要三思而后行，切勿逾越法律的界限。

这里关键是要区分接受的馈赠是正当的、合法的，还是名为"馈赠"实为"贿赂"，如果是后者，则受赠人有可能构成本罪。比如在正常的商业交易中，公司人员按照商业惯例接受小额的促销礼品，这就属于正当馈赠。如果在交易中，公司人员暗中接受对方单位或个人附赠的现金或物品达到5000元以上的，则有"受贿之嫌"。当然，如果接受馈赠者利用职务上的便利，意图或实际为对方谋取了利益，则无论此种馈赠怎么披上"合法"的外衣，怎么具

有合理的理由，其实质都是一种"贿赂"，接受馈赠者极可能会触犯刑法，构成非国家工作人员受贿罪。

另外，在现实生活中，公司、企业等单位的工作人员与亲友间出于联络感情、表达情谊的需要，相互之间请客送礼或是接受馈赠的行为，一般都是以公开的方式进行的，而且所送东西的数额也不大，送东西的人主观上没有以此而换取利益的目的，收东西的人也没有为他人谋取利益而受贿的故意。这与以权谋私的受贿行为有着本质性的区别。因此概括地说，区别受贿行为与正当的礼尚往来的关键在于考虑以下几个因素：一是双方之间的关系。属于纯粹的友谊还是其中夹杂着商业往来，如果是在商业往来中接受的，则应该考虑是否构成犯罪行为。二是看所送的财物价值的大小。如果所送的财物的价值巨大或者是超出了一般的礼尚往来的范围，则应该考虑是否属于受贿。三是看馈赠的方式。在实践中要看馈赠是公开进行的还是秘密进行的，如果是在秘密的状态下进行的，则应该考虑是否构成犯罪行为。

(四) 非国家工作人员受贿罪的量刑

我国《刑法》第163条规定，构成非国家工作人员受贿罪的，量刑起点为5年以下有期徒刑或拘役；数额巨大的，处5年以上15年以下有期徒刑，可以并处没收财产。

犯非国家工作人员受贿罪而数额巨大的，是本罪的从重处罚事由。根据1996年1月24日最高人民法院《关于办理违反公司法受贿、侵占、挪用等刑事案件适用法律若干问题的解释》第1条的规定，索取或者收受贿赂10万元以上的，构成"数额巨大"。

❖ 关联法律规定 ❖

《刑法》第一百六十三条　【非国家工作人员受贿罪】公司、企业或者其他单位的工作人员利用职务上的便利，索取他人财物或者非法收受他人财物，为他人谋取利益，数额较大的，处五年以下有期徒刑或者拘役；数额巨大的，处五年以上有期徒刑，可以并处没收财产。

公司、企业或者其他单位的工作人员在经济往来中，利用职务上的便利，违反国家规定，收受各种名义的回扣、手续费，归个人所有的，依照前款的规定处罚。

国有公司、企业或者其他国有单位中从事公务的人员和国有公司、企业或者其他国有单位委派到非国有公司、企业以及其他单位从事公务的人员有前两款行为的，依照本法第三百八十五条、第三百八十六条的规定定罪处罚。

最高人民法院《关于办理违反公司法受贿、侵占、挪用等刑事案件适用法律若干问题的解释》（1996年1月24日实施）

一、根据《决定》（注：指全国人民代表大会常务委员会《关于惩治违反公司法的犯罪的决定》）第九条的规定，公司和其他企业的董事、监事、职工利用职务上的便利，索取或者收受贿赂，数额较大的，构成商业受贿罪。

实施《决定》第九条规定的行为，索取或者收受贿赂五千元至二万元以上的，属于"数额较大"；索取或者收取贿赂十万元以上的，属于"数额巨大"。

最高人民法院、最高人民检察院《关于办理商业贿赂刑事案件适用法律若干问题的意见》（2008年11月20日实施）

二、刑法第一百六十三条、第一百六十四条规定的"其他单位"，既包括事业单位、社会团体、村民委员会、居民委员会、村民小组等常设性的组织，也包括为组织体育赛事、文艺演出或者其他正当活动而成立的组委会、筹委会、工程承包队等非常设性的组织。

三、刑法第一百六十三条、第一百六十四条规定的"公司、企业或者其他单位的工作人员"，包括国有公司、企业以及其他国有单位中的非国家工作人员。

第三篇
融资过程中的刑法风险及其防范

第五讲　贷款诈骗罪

一方面是民营企业向银行融资的渠道始终无法更为畅通，另一方面是银行遭受贷款诈骗案件的频频发生，贷款诈骗犯罪似乎成为了民营企业与银行在融资信贷合作中一个难以跨越的障碍。

【冯明昌贷款诈骗案】 曾号称"审计风暴第一金融大案"的南海亿元骗贷案的"主角"民营企业家冯明昌,在1993年至2001年期间,先后在佛山南海区设立了由其出资、控制的南海华光装饰板材有限公司等十多家关联企业。其通过编造经营业绩,使用虚假的财务报表、经济合同、证明文件,使用虚假的产权证明、抵押物作担保、抵押等手段,大肆骗取银行贷款,自1999年以来,共诈骗工行南海支行6.32亿元贷款。2005年4月18日,广州市中级人民法院终审判决认定冯明昌犯贷款诈骗罪,判处无期徒刑,剥夺政治权利终身,并处没收个人全部财产。①

一、什么是贷款诈骗罪

根据《刑法》第193条规定,贷款诈骗罪是指借款人以非法占有为目的,虚构事实或隐瞒真相,骗取银行或其他金融机构的贷款,数额较大的行为。

本罪所骗的是"贷款",在我国除了商业银行外,还有信用社、信托投资公司、金融租赁公司等机构具有贷款业务经营权,行为人骗取的就是这些金融机构的贷款。如果是骗金融机构的其他资金,或者是非法成立的金融组织,比如地下钱庄、"老鼠会"等所谓的"贷款",则不能以本罪论处,而应以诈骗罪论处。

本案中,冯明昌就是为了非法占有银行贷款,使用虚假的财务报表、经济合同、证明文件、虚假的担保事实,骗取了银行的巨额贷款,其行为已经构成了贷款诈骗罪。

二、贷款诈骗罪的行为方式

贷款诈骗就是行为人虚构事实或隐瞒真相,使得金融机构的有关负责人对行为人的信用产生了错误的认识,从而"自愿"的发放贷款的行为。根据《刑法》第193条的规定,具体表现为以下几种方式:

(一)编造引进资金、项目等虚假理由骗取贷款

这主要是指行为人编造根本不存在的或情况不属实的所谓社会效益和经济效益良好的投资项目,或者以引入外资需要配套资金等理由,直接向银行或者其他金融机构骗取贷款。例如以发展地方经济为借口,向政府有关部门和银行

---

① 参见《佛山南海数亿元骗贷案一审宣判》,载《人民法院报》2005年4月19日第4版;《"问题富豪"与富豪问题》,载正义网2000年1月13日,http://www.jcrb.com/caifu/dtyw/200901/t20090113_125644.html。

等金融机构编造引进了国内或国外某一经济组织的巨额资金,建造一个有高额利润的生产项目,在编造这些借口的同时承诺如果能从银行或其他金融机构得到贷款,就能够立即引进这笔资金或者建造这个生产项目,待资金引进后,项目筹建完成投产,依照约定还本付息。有些时候犯罪分子为了让骗局更具有真实性,常伪造所谓的引资意向书、引进项目意向书或者政府有关领导对此审批同意的意见书,让银行或者其他金融机构相信并发放贷款。

❈关联案例❈甘肃省华侨、冶金化工工业公司原承包人徐某某,为躲避债务于1994年初到连云港,谎称能引来资金2.4亿元人民币用于建造钢铁厂。在取得该市企业和相关部门信任后,徐某某成立了"钢铁公司筹建处",自任总经理,又以虚假投资928万元为幌子,设立了"连云港市精密带钢厂"。随后徐某某以种种借口,向有关金融部门贷款累计近千万元。但所有贷款,均用于个人做钢铁生意和经营酒店,给国家造成经济损失200多万元。①

(二)使用虚假的经济合同诈骗贷款

这主要是指行为人使用虚假的出口合同或者其他所谓在短期内能够产生很好经济效益的合同。经济合同主要包括买卖合同、建设工程合同、融资租赁合同、联营合同、技术合同等。虚假经济合同就是指根本不存在的、无效的或者不可能履行的经济合同。申请贷款人在申请贷款时提交的经济合同是银行和其他金融机构据以发放贷款的重要凭证,因而,犯罪分子常把虚假的经济合同作为诈骗贷款的重要手段。

❈关联案例❈李某某从2001年7月开始,借朋友之名购车,并让谭某利用其公司的名义,虚构购车合同,用做在本地银行办理贷款按揭,直到2001年10月,该公司共帮李某某办理了17份购车合同。利用这些虚构的购车合同,李某某先骗取不同的保险公司信任,骗取担保。之后,他再拿着保险公司的保单,去不同的银行骗取银行贷款。在2001年6月至2002年1月的7个月间,一共骗走了各大银行共1246余万元,至今还有880余万元没能收回。广州市中级人民法院最终认定李某某犯贷款诈骗罪,判处有期徒刑15年,并处罚金人民币30万元。②

---

① 参见《识破引资诈骗的"画皮"》,载人民网2001年6月16日,http://www.people.com.cn/GB/shehui/46/20010616/490273.html。

② 参见《一本多贷 诈骗贷款1246万》,载大洋网2005年1月27日,http://informationtimes.dayoo.com/gb/content/2005-01/27/content_1917447.htm。

(三) 使用虚假的证明文件骗取贷款

这主要是指使用伪造或者变造的银行存款证明、公司或者金融机构的担保函、划款证明等在向银行或者其他金融机构申请贷款时所需的文件。具体包括政府部门的批准立项文件、颁发的营业执照，银行的存款证明、划款证明，评估机构的资产评估报告，担保单位的担保函，单位的授权委托书、财务报告、债权凭证等为申请贷款所需的文件。

❖**关联案例**❖ 2003年12月至2004年12月间，佟某某等人通过提供虚假贷款人材料、首付款凭证、伪造交通厅旅游牌更新批文及挂靠单位和高报车价的方式，向银行申请个人汽车消费贷款，共骗取银行贷款34笔，金额合计1479.5万元。海口市中级人民法院一审判决认为，被告人佟某某犯贷款诈骗罪，数额特别巨大，判处有期徒刑16年，并处罚金15万元。①

(四) 使用虚假的产权证明作担保或者超出抵押物价值重复担保

这主要是指使用伪造、变造的能证明行为人对房屋、设备等不动产或者汽车、货币等可即时兑付的票据等动产具有所有权的一切文件或者超出抵押物价值重复担保。银行贷款主要是以担保贷款为基础的，信用贷款是例外。银行在发放担保贷款中，通过要求借款人提供有效担保，以防范可能发生的贷款风险。用虚假的产权证明作担保主要有两种情形：一种是用虚假的产权证明作抵押证明进行担保诈骗贷款；另一种是用虚假的产权证明作权利质押向银行诈骗贷款。

❖**关联案例**❖ 广东邹金洪贷款诈骗案。2001年1月至2002年12月间，邹金洪分别与他人，利用购车合同和虚假房产证及收入证明等资料，在骗取华安等保险公司的《机动车辆消费贷款保证保险投保单》后，向银行申请消费贷款共32笔，贷款总额为人民币779.1万元，至案发时为止，银行仍有贷款人民币5938994.35元无法收回。广州市中级人民法院一审判决，被告人邹金洪无视国家法律，以非法占有为目的，使用虚假的产权证明作担保，诈骗金融机构贷款，数额特别巨大，其行为已构成了贷款诈骗罪，判处有期徒刑15年，并处罚金10万元。②

---

① 参见《海南巨额骗贷案再次敲响金融信贷警钟》，载 http://www.cctv.com/community315/special/C20532/20080121/101082.shtml。
② 参见《邹金洪贷款诈骗案》，载广东审判网2005年5月24日，http://www.gzcourt.gov.cn/magazine/magazine_detail.jsp?lsh=494&m_serial=24&m_page=。

（五）使用其他方法诈骗银行和其他金融机构的贷款

这一项规定是为了避免出现以上四种诈骗方式以外的方式诈骗贷款的情形，主要是指伪造单位或个人印章、印鉴骗取贷款，或者以假货币为抵押骗贷款等方法。

◈**关联案例**◈麻某（原柳州市三朦工贸有限公司董事长、法人代表）、姜某某（原三朦公司总经理）等8人从1994年12月至1996年4月间，采用偷盖储户印章，添加虚假的委托贷款内容，伪造储户公章、私章等方法，制作假委托贷款书从柳州市城中城市信用社等4家金融机构骗取贷款1.2813亿元人民币。柳州市中级人民法院于1999年4月22日作出一审判决，认定被告人麻某、姜某某犯贷款诈骗罪、票据诈骗罪、行贿罪，判处死刑，剥夺政治权利终身。①

三、律师提示

（一）贷款诈骗罪与非罪的界限

区分贷款诈骗罪与非罪的界限，主要应考虑以下两个因素：

1. 行为人诈骗贷款的数额大小。根据《刑法》第193条规定，诈骗贷款，只有达到数额较大，才能以贷款诈骗罪论处。如果行为人虽然以非法占有为目的，诈骗了银行或者其他金融机构的贷款，但没有达到数额较大的标准，就不能以贷款诈骗罪论处。根据1996年12月16日最高人民法院《关于审理诈骗案件具体应用法律的若干问题的解释》第4条第4款的规定，个人贷款数额在1万元以上的，属于数额较大。在司法实践中，对贷款诈骗的数额的认定中一般不包括贷款发生的利息，而只以贷款本金作为定罪量刑的标准。

2. 行为人是否具有非法占用贷款的目的。贷款诈骗就是行为人以非法占有的目的，通过虚构事实或隐瞒真相的方法，骗取银行等金融机构贷款的行为。故行为人必须具有非法占有贷款的目的，才构成贷款诈骗罪。在司法实践中，如果行为人具有下列情形之一的，应认定其行为属于"以非法占有为目的，诈骗银行或者其他金融机构的贷款"：（1）贷款后携带贷款潜逃的；（2）未将贷款按用途使用而是挥霍致使贷款无法偿还的；（3）使用贷款进行违法犯罪活动，致使贷款无法偿还的；（4）改变贷款用途将贷款用于高风险

---

① 参见《金融掮客诈骗两个亿 判死刑供出更多内幕》，载中国新闻网，http://www.chinanews.com.cn/1999-9-10/26/431.html。

的经济活动，造成重大经济损失，致使贷款无法偿还的；（5）为谋取不正当利益，改变贷款用途，造成重大经济损失致使贷款无法偿还的；（6）提供虚假的担保申请贷款，造成重大经济损失致使贷款无法偿还的；（7）其他非法占有资金、拒不返还的行为。因而，如果行为人有上述客观行为之一，就可以判断其有非法占有贷款的诈骗目的。

（二）如何区分贷款诈骗与借贷纠纷

在市场经济中，由于市场和国家政策的不断变化，使企业经营行为充满了风险。贷款，作为银行或其他金融机构的经营行为，其本身亦存在相当的风险。实践中银行或者其他金融机构出现呆账、坏账的可能性是经常存在的，贷款人由于经营不善，致使企业亏损，无法偿还贷款；或因市场行情发生变化，没有取得预期收益而无法归还贷款。因而，银行与贷款人之间，由于贷款人不能归还到期贷款，而经常发生借贷纠纷。就贷款人没有到期偿还贷款这一后果而言，借贷纠纷与贷款诈骗行为十分相似，因而，如何正确区分借贷纠纷与贷款诈骗，对于民营企业在贷款融资活动中规避刑法风险具有十分重要的意义。

❖**关联案例**❖吴晓丽被控贷款诈骗案。吴晓丽原系辽宁省盖州市镁厂厂长、营口佳友铸造有限公司总经理。1995年8月至10月，吴晓丽以盖州市有色金属铸造厂的名义先后从盖州市辰州城市信用社贷款105万元。贷款期满后，吴晓丽未能偿还。1995年12月30日，吴晓丽以盖州市镁厂的名义，从辰州城市信用社贷款235万元，将所欠该信用社的贷款本金、利息及其弟吴晓辉、其妹吴晓静欠辰州信用社的贷款本金及利息转入该合同。贷款期满后，吴晓丽仍未偿还。1997年12月24日，吴晓丽又以营口佳友铸造有限公司的名义，用盖州市镁厂2214平方米厂房作抵押，与盖州市辰州城市信用社签订310万元的借款合同，将原未偿还的235万元贷款的本金及利息转入该合同。1996年6月至8月间，吴晓丽以盖州市镁厂名义，两次从盖州市城建信用社共计贷款人民币200万元。贷款期满，吴晓丽未偿还。1997年12月8日，吴晓丽用盖州市镁厂1404平方米厂房和机器设备作抵押，重新与盖州市城建信用社签订贷款251万元的借款合同，将原200万元贷款的本金及利息转入该合同。上述贷款到期后，经两个信用社多次催要，吴晓丽没有偿还借款。1998年9月3日，吴晓丽因在上述两信用社抵押财产未在产权机关登记，擅自将镁厂的全部建筑物和厂区土地（包含上述两项贷款抵押物）作价人民币400万元，一次性转让给盖州市亚特塑料制品厂厂长王晓春，双方在签订镁厂《转让合同书》过程中，吴晓丽隐瞒了镁厂部分建筑已经抵押给信用社的事实。吴晓丽从转让镁厂中收到王晓春分期给付的300万元现金，但未用于偿还贷款。辽宁省营口市人民检察院以被告人吴晓丽犯贷款诈骗罪，向营口市中级人民法院提起公诉。营口市中级人民法院认为：被告人吴晓丽明知其厂房已用于银行贷款的抵押而将该厂房卖掉，其行为已构成贷款诈骗罪，且数额特别巨大，应依法惩处，并于1999年10月26日判决被告人吴晓丽犯贷款诈骗罪，判处有期徒刑10年，并处罚金人民币50万元。宣判后，吴晓丽不服，上诉于辽宁省高级人民法院。辽宁省高级人民法院认为：上诉人吴晓丽在贷款当时没有采取欺诈手段，只是在还贷的过程中将抵押物卖掉，如果该抵押是合法有效的，银行可随时采取法律手段将抵押物收回，不会造成贷款不能收回的后果；且吴晓丽在转让抵押物后，确也采取了诉讼的手段欲将抵押物收回，因认定抵押合同无效才致使本案发生，故对吴晓丽不构成贷款诈骗罪的上诉理由予以支持，原审认定被告人吴晓丽犯贷款诈骗罪不能成立，于2000年11月17日判决撤销辽宁省营口市中级人民法院对吴晓丽犯贷款诈骗罪的判决。①

在本案中，一、二审法院对于被告人吴晓丽的行为究竟是构成贷款诈骗罪，还是借贷纠纷，作出了截然不同的判决，其关键点在于对被告人是否具有非法占有贷款目的的判断。在一审法院的判决中，仅以被告人明知其厂房已用于银行贷款的抵押而将该厂房卖掉，而认定其构成贷款诈骗罪，却忽视了对被告人是否具有非法占有贷款目的的判断，在认定犯罪时没有坚持主客观相统一原则，故作出了与事实不符的判决。在二审法院的判决中，重点考虑了被告人是否具有非法占有的目的，认为被告人贷款当时没有采取欺诈手段，在获取贷款时没有非法占有的目的；在还贷过程中，虽然将抵押物卖掉，但在转让抵押物后，确也采取了诉讼的手段欲将抵押物收回，因法院认定抵押合同无效才致使本案发生，故认定被告人不具有非法占有贷款的目的，贷款诈骗罪不成立。

综上所述，借贷纠纷和贷款诈骗最本质的区别在于借款人有没有"非法占有"的目的。借贷纠纷是指借款人与贷款人因履行贷款合同而发生的民事纠纷，借款人一般具有归还贷款的诚意，而不具有非法占有贷款的目的。基于此，2001年《全国法院审理金融犯罪案件工作座谈会纪要》明确指出："对于合法取得贷款后，没有按规定的用途使用贷款，到期没有归还贷款的，不能以贷款诈骗罪定罪处罚；对于确有证据证明行为人不具有非法占有的目的，因为不具备贷款的条件而采取了欺骗手段获取贷款，案发时有能力履行还贷义务，或者案发时不能归还贷款是因为意志以外的原因，如因经营不善、被骗、市场风险等，不应以贷款诈骗罪定罪处罚。"

---

① 参见《吴晓丽贷款诈骗案判决书》，载http：//www.lawyee.net/Case/Case_ Display.asp？RID =23680&KeyWord =。

(三) 故意不归还贷款的行为是否构成贷款诈骗

在社会经济活动中,存在有的民营企业通过合法手段获得贷款,但到期后却以各种理由拒不还贷的现象。这种故意不归还贷款的行为从占有贷款的结果上看,与贷款诈骗是一样的。因而,如何正确区分故意不归还贷款行为与贷款诈骗之间的区别,对于民营企业规避刑法风险具有重要意义。

故意不归还贷款的行为,是指行为人在获取贷款时并无非法占有目的,而在取得贷款后却因各种各样的原因产生了占有的目的,而故意不归还贷款的行为。这类行为主要表现为,行为人通过合法的手段申请并获取银行或者其他金融机构的贷款后,在规定的归还日到期之前,以经营亏损为由,采取转移或隐藏资金、携款潜逃等方式逃避归还贷款。在司法实践中,对于合法取得贷款后到期没有归还的情况,一般不能构成贷款诈骗罪,即使行为人没有按规定的用途使用贷款而导致到期没有归还贷款。但是,如果行为人合法取得贷款后,采用抽逃、转移资金、隐匿财产等手段,以逃避返还资金的;或者采用隐匿、销毁账目,以及搞假破产、假倒闭等手段,以逃避返还资金的,则可能被认定为构成贷款诈骗罪。因为在这些情况下,尽管行为人是以合法的手段获取贷款,但事后明显产生了非法占有的目的,并实施了逃避返还资金(即占有贷款)的行为,当然可以构成贷款诈骗罪。

由此可见,对于故意不归还贷款行为的定性,关键不在于行为人是合法取得贷款还是非法取得贷款,主要还在于要查明行为人是否具有非法占有的目的,无论这种目的产生在贷款之前还是在贷款之后,只要行为人具有非法占有的目的,均可构成贷款诈骗罪。

(四) 贷款诈骗罪的量刑

《刑法》第193条规定,贷款诈骗1万元以上的,构成犯罪,其量刑起点为5年以下有期徒刑或者拘役,并处2万元以上20万元以下罚金;对于数额特别巨大(一般为20万元以上)或者有其他特别严重情节的,处10年以上有期徒刑或者无期徒刑,并处5万元以上50万元以下罚金或者没收财产。

❖ 关联法律规定 ❖

《刑法》第一百九十三条 【贷款诈骗罪】有下列情形之一,以非法占有为目的,诈骗银行或者其他金融机构的贷款,数额较大的,处五年以下有期徒刑或者拘役,并处二万元以上二十万元以下罚金;数额巨大或者有其他严重情节的,处五年以上十年以下有期徒刑,并处五万元以上五十万元以下罚金;数额特别巨大或者有其他特别严重情节的，处十年以上有期徒刑或者无期徒刑，并处五万元以上五十万元以下罚金或者没收财产：

（一）编造引进资金、项目等虚假理由的；

（二）使用虚假的经济合同的；

（三）使用虚假的证明文件的；

（四）使用虚假的产权证明作担保或者超出抵押物价值重复担保的；

（五）以其他方法诈骗贷款的。

最高人民检察院、公安部《关于经济犯罪案件追诉标准的规定》（2001年4月18日）

四十二、贷款诈骗案

以非法占有为目的，诈骗银行或者其他金融机构的贷款，数额在一万元以上的，应予追诉。

最高人民法院《关于审理诈骗案件具体应用法律的若干问题的解释》（1996年12月24日实施）

四、根据《决定》（注：指全国人大常委会《关于惩治破坏金融秩序犯罪的决定》）第十条规定，以非法占有为目的，诈骗银行或者其他金融机构的贷款，数额较大的，构成贷款诈骗罪。

《决定》第十条规定的"其他严重情节"是指：

（1）为骗取贷款，向银行或者金融机构的工作人员行贿，数额较大的；

（2）挥霍贷款，或者用贷款进行违法活动，致使贷款到期无法偿还的；

（3）隐匿贷款去向，贷款期限届满后，拒不偿还的；

（4）提供虚假的担保申请贷款，贷款期限届满后，拒不偿还的；

（5）假冒他人名义申请贷款，贷款期限届满后，拒不偿还的。

《决定》第十条规定的"其他特别严重情节"是指：

（1）为骗取贷款，向银行或者金融机构的工作人员行贿，数额巨大的；

（2）携带集资款逃跑的；

（3）使用贷款进行犯罪活动的。

个人进行贷款诈骗数额在1万元以上的，属于"数额较大"；个人进行贷款诈骗数额在5万元以上的，属于"数额巨大"；个人进行贷款诈骗数额在20万元以上的，属于"数额特别巨大"。

九、对于多次进行诈骗，并以后次诈骗财物归还前次诈骗财物，在计算诈骗数额时，应当将案发前已经归还的数额扣除，按实际未归还的数额认定，量刑时可将多次行骗的数额作为从重情节予以考虑。

十二、本解释中使用的货币数额是指人民币的数额。审理具体案件涉及外币的，应当依照案发当日国家外汇管理局公布的外汇牌价折算成人民币。

《全国法院审理金融犯罪案件工作座谈会纪要》（2001年1月21日）

（三）关于金融诈骗罪

2. 贷款诈骗罪的认定和处理。贷款诈骗犯罪是目前案发较多的金融诈骗犯罪之一。审理贷款诈骗犯罪案件，应当注意以下两个问题：

一是单位不能构成贷款诈骗罪。根据刑法第三十条和第一百九十三条的规定，单位不构成贷款诈骗罪。对于单位实施的贷款诈骗行为，不能以贷款诈骗罪定罪处罚，也不能以贷款诈骗罪追究直接负责的主管人员和其他直接责任人员的刑事责任。但是，在司法实践中，对于单位十分明显地以非法占有为目的，利用签订、履行借款合同诈骗银行或其他金融机构贷款，符合刑法第二百二十四条规定的合同诈骗罪构成要件的，应当以合同诈骗罪定罪处罚。

二是要严格区分贷款诈骗与贷款纠纷的界限。对于合法取得贷款后，没有按规定的用途使用贷款，到期没有归还贷款的，不能以贷款诈骗罪定罪处罚；对于确有证据证明行为人不具有非法占有的目的，因不具备贷款的条件而采取了欺骗手段获取贷款，案发时有能力履行还贷义务，或者案发时不能归还贷款是因为意志以外的原因，如因经营不善、被骗、市场风险等，不应以贷款诈骗罪定罪处罚。

第六讲　集资诈骗罪

当前民营企业融资难,资金紧张的呼声不绝于耳,资金瓶颈已成为制约我国民营企业发展的重要因素。因为存在许多限制造成正常融资渠道不畅,随着企业规模扩大,资金需求量不断增大。在正常途径不能满足企业资金需求时,有的企业试图通过一些非正常途径,甚至非法途径筹集资金,从而可能触及刑法雷区。

【汪振东集资诈骗案】 辽宁营口东华经贸集团公司非法集资诈骗案，曾经位列2006年公安部公布的涉众型经济犯罪九个典型案例的榜首。汪振东系原辽宁省营口市东华经贸（集团）有限公司董事长兼总经理，2002年5月至2004年12月，汪振东以盖州市宇晨养殖场、营口东华生态养殖公司等企业的名义，在未经国家金融管理部门批准、无资金保证能力的情况下，以高额回报为诱饵，采取用后笔集资款兑付前笔集资款本金和利息的手段，诱骗蚂蚁养殖户与其所属公司签订《蚂蚁养殖购销合同》共计109161份，非法募集资金人民币29.9499亿元。上述资金中，除偿还部分养殖户本金14.755亿元及支付高额利息7.2147亿元、东华集团下属企业占用1.9959亿元外，其余款项均被汪振东以广告宣传、企业庆典、公益赞助、偿还个人贷款、借给个人或单位使用等各种形式支出。案发前，尚有7.9802亿元无法返还。

2007年2月13日，辽宁省营口市中级人民法院一审判决被告人汪振东犯集资诈骗罪，判处死刑，剥夺政治权利终身，并处没收个人全部财产。①

一、什么是集资诈骗罪

根据《刑法》第192条规定，集资诈骗罪是指以非法占有为目的，使用诈骗方法非法集资，数额较大的行为。

本罪中的"非法集资"，是指单位或个人未依照法定的程序经有关部门批准，以发行股票、债券、彩票、投资基金证券或其他债权凭证的方式向社会公众募集资金，并承诺在一定期限内以货币、实物或其他利益等方式向出资人还本付息，给予回报的行为。这里的集资对象，必须是社会公众，即社会上不特定的多数人，如果是仅向少数人或特定范围的人集资，如公司向内部员工集资，则不构成本罪。

在本案中，汪振东使用虚构养蚂蚁有高额利润、隐瞒东华集团"无营利"真相等诈骗方法，在未经国家金融管理部门批准、无资金保证能力的情况下，以高额回报为诱饵，向社会上广大不明真相的养殖户非法集资，且犯罪数额特别巨大，情节特别严重，其行为已经构成了集资诈骗罪。

二、集资诈骗罪的行为方式

使用诈骗方法非法集资，主要是指行为人采取虚构集资用途，以虚假的证明文件和高回报率为诱饵等方法，向社会公众非法募集资金的行为，具体表现为以下几种行为方式：

---

① 参见《重大危害金融秩序案件》，载《人民法院报》2007年10月11日第4版。

(一) 以高额利息为诱饵进行集资诈骗

在我国现阶段,由于证券、期货等金融市场发展不成熟,银行等金融机构的存款利息相对较低,普通民众无法找到安全合适的投资渠道。因而,有的诈骗分子利用投资者的逐利心理,以高额利息为引诱,并通过使前期投资者获得高额收益的广告效应,进而吸引更多的投资者受骗,将资金"自愿"交给集资诈骗犯罪分子占有使用。在集资过程中,诈骗分子用后集资者的钱去还先集资者的利,用这种拆东墙补西墙的方式展开运作,维持经营,最终形成恶性循环,资金包袱越背越大,致使众多投资者血本无归。

❀**关联案例**❀1997年8月,潘某某与丈夫陈某某向金融机构以及个人借贷数百万元后,开始经营龙官酒楼。然而酒楼每年的利润仅100多万元。为了归还债务,1998年至2000年11月间,潘某某以支付月息2至5分不等的高额利息或写利息欠条以及给饮茶费、送洋酒等为诱饵,先后以资金周转、买地皮、做矿产、烟叶生意、炒股票或投资新酒楼等名义,采取诈骗的方法从28人处非法集资共计2916.8万元,除用于支付受害人的高额利息外,至今仍有2503.9万元被其使用、挥霍而不能归还。2005年3月21日,广东省高级人民法院作出终审裁定,潘某某被判死刑,缓期2年执行。①

(二) 以经营高额利润项目但资金短缺为借口,以高额回报为诱饵进行集资诈骗

随着市场经济的飞速发展,老百姓收入的日益提高,特别是货币收入水平的提高,普通公众手中的"闲钱"越来越多,但由于民间投资渠道缺乏、投资信息不畅通等原因,中小投资者手中的"闲钱"日益被犯罪分子觊觎,诈骗分子利用投资者意图获取高额回报的心理,以经营高额利润项目但资金短缺为借口,以给予投资者高额回报为诱饵,并通过电视、广播等各种宣传手段或熟人介绍,以增加骗局的真实性,致使广大投资者将手中的余钱,甚至毕生的积蓄,投入诈骗分子精心编造的财富骗局。

例如前述汪振东集资诈骗案,2002年7月至2004年12月间,辽宁营口东华经贸(集团)有限公司以其下属企业东华生态养殖有限公司发展养殖蚂蚁为名,承诺35%—60%不等的高额回报,诱使群众投资所谓的"养殖蚂蚁",为使骗局更加"真实",主犯汪振东花费数亿元包装企业形象,在报纸、电视

---

① 参见《广东韶关最大集资诈骗案女主犯被判死缓》,载新浪网2005年3月24日国内新闻,http://news.sina.com.cn/c/2005-03-24/13336183340.shtml。

台发布广告,并通过庆典、赞助活动等方式,以获取与领导、明星合影的机会,汪振东还通过花钱搞关系,弄到"辽宁省民营企业协会副会长"、"省特种养殖学会副会长"等多个头衔。2004年,汪振东为当地电视台春节晚会投巨资冠名,还冠名赞助了沈阳一男子篮球队参加联赛。2004年下半年,汪振东集资的资金链出现裂痕,汪振东又通过铺天盖地的舆论宣传,引诱迷惑更多的人把钱砸进来。辽宁某主流媒体为汪振东和他的东华集团做了几个整版的形象宣传;2004年9月18日,汪振东又搞了声势浩大的"集团庆典",领导出席、明星表演,在当地引起巨大反响。正是这种铺天盖地的宣传,吹嘘造势,使众多投资者信以为真,"自愿"陷入这一巨大非法融资骗局,致使汪振东非法集资近30亿元资金,案发前,尚有7.9802亿元无法返还,还导致1人自杀身亡,给国家和人民利益造成特别巨大损失。

(三)利用互联网等高科技技术进行集资诈骗

随着互联网的日益流行和普及,网民群体不断壮大,网络已成为当前社会不可缺少的一种工具,它在给人们生活带来便利的同时,也被一些不法分子用来进行网络集资诈骗。如在传销活动中出现了一些新型的网络传销手段。传销组织以电子商务为幌子,通过网上购销,网上有奖竞猜,购买网上空间等方式,欺骗广大网民,聚敛钱财。

◈关联案例◈2001年6月,全国首宗利用互联网为载体、以支付高额利润为诱饵、以传销方式推销神龙广告卡为作案手段、诈骗群众购卡资金的网上集资诈骗案在广州告破。此案犯罪嫌疑人林某注册了"广东省广州市某数码科技有限公司"。该公司利用互联网在各地进行非法传销,对外宣称,购买"神龙数码广告卡"后,凭卡登录神龙网站点击广告,每点击一次可获得0.3元回报(每天限33次,每张卡限期3个月),每10天支付一次,三个月可获回报891元,扣除购卡费380元外,可获利511元。由于这一巨大利润的诱惑,2001年4月起,"神龙数码广告卡"的销售量出现巨幅增长。到6月17日,该公司收回的资金已经不能支付网民的点击广告费,林某开始策划携款潜逃。后公安部门根据举报及时将主要犯罪嫌疑人抓获。此案涉及全国30个省、市、区的20余万人,共销售"神龙数码广告卡"87万余张,涉案总金额2.34亿元,抓获犯罪嫌疑人100余人,缴获"神龙数码广告卡"6万张,冻结、扣押赃款近2000万元。①

---

① 参见《广州东方神龙诈骗案告破》,载人民法院网2001年8月9日,http://rmfyb.chinacourt.org/public/detail.php?id=26926。

三、律师提示

（一）集资诈骗罪与非罪的界限

区分集资诈骗罪与非罪的界限，主要应考虑以下两个因素：

1. 行为人非法集资数额的大小。根据《刑法》第192条规定，使用诈骗方法非法集资，只有达到数额较大，才能以集资诈骗罪论处。如果行为人虽然以非法占有为目的，使用诈骗方法进行了非法集资，但没有达到数额较大的标准，就不能以集资诈骗罪论处，应按一般违法行为处理，不应认定构成犯罪。根据2001年4月18日最高人民检察院、公安部发布的《关于经济犯罪案件追诉标准的规定》第41条的规定，以非法占有为目的，使用诈骗方法非法集资，涉嫌下列情形之一的，应予追诉：（1）个人集资诈骗，数额在10万元以上的；（2）单位集资诈骗，数额在50万元以上的。在司法实践中，应当以行为人实际骗取的数额计算，对于行为人为实施诈骗活动而支付的中介费、手续费、回扣等，或者用于行贿、赠与等费用，均应计入诈骗的犯罪数额，但应当将案发前已归还的数额扣除。

2. 是否具有非法占有集资款项的目的。集资诈骗就是行为人以非法占有为目的，采取虚构集资用途，以虚假的证明文件和高回报率为诱饵等方法，非法募集公众资金的行为。故行为人必须具有非法占有集资款项的目的，才构成集资诈骗罪。根据最高人民法院《关于审理诈骗案件具体应用法律的若干问题的解释》，下列情形，应当认定其行为属于以非法占有为目的，使用诈骗方法非法集资：（1）携带集资款逃跑的；（2）挥霍集资款，致使集资款无法返还的；（3）使用集资款进行违法犯罪活动，致使集资款无法返还的；（4）具有其他欺诈行为，拒不返还集资款，或者致使集资款无法返还的。因而，如果行为人有上述客观行为之一，就可以判断其有非法占有集资款项的诈骗目的。

（二）如何区分集资诈骗行为与合法融资行为

随着我国市场经济体制的确立，民营企业获得了飞速的发展，并日益成为国民经济中不容忽视的力量，但随着企业规模的日益扩大，民营企业普遍存在资金不足的现象，很多中小型民营企业，由于获得贷款较难，在发展中经常遭遇资金瓶颈。企业的资金就像人体的血液一样，因而如何突破资金瓶颈，关系到民营企业的生死存亡。向社会融资无疑是解决民营企业融资难的重要途径，因而，正确区分合法融资与集资诈骗行为，对于民营企业融资活动具有重大意义。

合法融资，是指公司、企业或者其他个人、团体依照法律、法规规定的条件和程序通过向社会公众发行有价证券或者利用融资租赁、联营、合资、企业集资等方式在资金市场上筹集所需的资金。如股份有限公司、有限责任公司为了设立或者生产、经营的需要，而发行股票和债券等；集资诈骗，是指公司、企业、个人或其他组织未经批准，违反法律、法规，以非法占有为目的，使用诈骗方法，向社会公众或者单位募集资金的行为。根据上述定义分析，正确区分合法融资与集资诈骗行为，应从以下几方面分析：

1. 融资的目的

合法融资通常是企业为了设立或扩大再生产而进行的融资，有关法律对于集资的目的作出了明确的规定，如《公司法》规定公司发行债券募集资金不得用于弥补公司、企业的亏损和其他非经营性开支；《证券法》规定公司发行新股应当在招股说明书中说明资金用途。而集资诈骗，犯罪分子的集资目的则是非法占有集资款项。

2. 融资的方法

根据我国现行法律规定，合法融资主要是企业通过发行股票、债券或者融资凭证、联营、合资等方式进行的，其中，最常用的融资方式是发行股票和债券；合法融资所支付的利息也必须符合国家相关法律的规定。在集资诈骗行为中，犯罪分子使用的集资方法通常是以经营高收益项目为借口，以支付高息作诱饵，以熟人牵线搭桥作信誉，以连环集资付息作迷惑，以公司名义，或虚设公司集资，或合作办企业集资，或单位搞福利集资；以及以民间金融形式表现出来的"抬会"、"招会"、"标会"、"纠会"等。例如邓斌特大集资诈骗案，月息为5%，季息和年息分别为60%和120%；沈太福集资诈骗案，打着兴办民办集体企业和发展高科技的幌子，以发展节能发电机为名成立北京长城机电产品集团公司，从1989年至1993年3月，非法集资达10亿元，年息高达24%。

（三）如何区分集资诈骗行为与民间借贷纠纷

民间借贷，是民营企业融资活动的一种重要途径。由于民间借贷，属于企业或者个人的市场行为，自然存在借贷风险，借款人可能因为市场的变化，没有获得预期收益或者经营亏损，而无法按时偿还贷款人的借款，导致借贷纠纷发生。虽然民间借贷纠纷与集资诈骗行为存在诸多相似之处，如从募集资金的方法来看，都是自行进行的资金借贷活动，而不是通过向国家金融机构贷款；从占有资金的状况来看，都是到期无法偿还借款。但两者亦存在本质区别：

1. 目的不同

集资诈骗行为的目的是非法占有集资款,即意图永久性占有投资者的投资款,而民间借贷纠纷中的集资目的是为了弥补生产、生活等方面出现的暂时性资金短缺,并在约定时间内偿还本息的行为,其主观上没有非法占有集资款的目的。

2. 方法不同

集资诈骗采用诈骗方法,即通过虚构集资用途,以虚假的证明文件和高回报率为诱饵向社会公众募集资金,而民间借贷纠纷中的集资一般不采用诈骗方法,只是行为人在借贷行为中可能会有一定成分的诈欺手段。如集资诈骗行为中犯罪分子向投资者承诺的利息往往要高于银行同期存款利率的几倍、十几倍甚至于几十倍以上。而正常的民间借贷,按照1991年8月13日最高人民法院颁发的《关于人民法院审理借贷案件的若干意见》的规定,民间借贷的利率可以适当高于银行利率,各地人民法院可根据本地区的实际情况具体掌握,但最高不得超过银行同类利率的4倍(包含利率本数)。超出此限度的,超出部分的利息不予保护。

3. 对象不同

集资诈骗行为对象为社会公众,即社会上不特定的多数人。集资诈骗行为涉及的社会范围很广,通常遍及全国和社会的各个阶层,社会危害极大。例如沈太福集资诈骗案,致使全国17个城市10多万个人或单位被骗;① 邓斌特大集资诈骗案,受害人遍及全国12个省、市的368个单位和若干个人;吉林海天公司非法集资受害群众就达4万多人,而有"北方第一大案"之称的山西璞真集团特大非法集资诈骗案受害群众更高达5万余人次。而民间借贷通常发生在特定的、较小的范围内,是依靠债权人对债务人的人身信用为基础以及债务人提供的抵押、质押等物质担保来达成,一般不会给社会造成危害。

(四)如何区分集资诈骗罪与非法吸收公众存款罪

集资诈骗和非法吸收公众存款,都是非法募集资金的行为,两者存在很多相似之处,如都以高回报为诱饵募集资金,募集资金的对象都是社会公众等,但两者也存在本质区别,正确区分集资诈骗罪与非法吸收公众存款罪,关键在于行为人募集资金的目的,如果行为人是以长期占有资金为目的,向不特定的单位或个人募集资金的,则构成集资诈骗罪,而如果行为人是企图通过吸收公众存款的方式,进行营利,不具有非法占有存款的目的,则构成非法吸收公众

---

① 参见《倒掉的"长城"告诉我们什么》,载人民法院网2006年11月24日,http://rmfyb.chinacourt.org/public/detail.php?id=103129。

存款罪。

这里需特别注意的是，非法吸收公众存款行为在一定条件下会转化为集资诈骗罪。如果行为人在非法吸收公众存款时，并无非法占有存款或公众资金的目的，但在将公众存款吸收到手后，产生了将该笔存款或资金非法占为己有的目的，并作出隐匿、销毁账目资料或携款外逃等行为，发生了非法占有的结果，应当认定其具有非法占有的目的，以集资诈骗罪定罪处罚。

（五）集资诈骗罪的量刑

我国《刑法》第192条规定，集资诈骗（个人集资诈骗，数额在10万元以上的；单位集资诈骗，数额在50万元以上的），构成犯罪，其量刑起点为5年以下有期徒刑或者拘役，并处2万元以上20万元以下罚金；对于数额巨大或者有其他严重情节的，处5年以上10年以下有期徒刑，并处5万元以上50万元以下罚金；对于数额特别巨大或者有其他特别严重情节的，处10年以上有期徒刑或者无期徒刑，并处5万元以上50万元以下罚金或者没收财产。

依照我国《刑法》第199条的规定，犯集资诈骗罪，数额特别巨大并且给国家和人民利益造成特别重大损失的，处无期徒刑或者死刑，并处没收财产。

根据《刑法》第200条规定，单位犯集资诈骗罪的，对单位判处罚金，并对其直接负责的主管人员和其他直接责任人员，处5年以下有期徒刑或者拘役；数额巨大或者有其他严重情节的，处5年以上10年以下有期徒刑；数额特别巨大或者有其他特别严重情节的，处10年以上有期徒刑或者无期徒刑。

❖ 关联法律规定 ❖

《刑法》第一百九十二条　【集资诈骗罪】以非法占有为目的，使用诈骗方法非法集资，数额较大的，处五年以下有期徒刑或者拘役，并处二万元以上二十万元以下罚金；数额巨大或者有其他严重情节的，处五年以上十年以下有期徒刑，并处五万元以上五十万元以下罚金；数额特别巨大或者有其他特别严重情节的，处十年以上有期徒刑或者无期徒刑，并处五万元以上五十万元以下罚金或者没收财产。

最高人民检察院、公安部《关于经济犯罪案件追诉标准的规定》（2001年4月18日实施）

四十一、集资诈骗案

以非法占有为目的，使用诈骗方法非法集资，涉嫌下列情形之一的，应予追诉：

1. 个人集资诈骗，数额在十万元以上的；
2. 单位集资诈骗，数额在五十万元以上的。

最高人民法院《关于审理诈骗案件具体应用法律的若干问题的解释》（1996年12月24日实施）

三、根据《决定》（注：指全国人大常委会《关于惩治破坏金融秩序犯罪的决定》）第八条规定，以非法占有为目的，使用诈骗方法非法集资的，构成集资诈骗罪。

"诈骗方法"是指行为人采取虚构集资用途，以虚假的证明文件和高回报率为诱饵，骗取集资款的手段。

"非法集资"是指法人、其他组织或者个人，未经有权机关批准，向社会公众募集资金的行为。

行为人实施《决定》第八条规定的行为，具有下列情形之一的，应当认定其行为属于"以非法占有为目的，使用诈骗方法非法集资"：

（1）携带集资款逃跑的；
（2）挥霍集资款，致使集资款无法返还的；
（3）使用集资款进行违法犯罪活动，致使集资款无法返还的；
（4）具有其他欺诈行为，拒不返还集资款，或者致使集资款无法返还的。

个人进行集资诈骗数额在20万元以上的，属于"数额巨大"；个人进行集资诈骗数额在100万元以上的，属于"数额特别巨大"。

单位进行集资诈骗数额在50万元以上的，属于"数额巨大"；单位进行集资诈骗数额在250万元以上的，属于"数额特别巨大"。

最高人民法院《关于人民法院审理借贷案件的若干意见》（1991年8月13日实施）

6. 民间借贷的利率可以适当高于银行的利率，各地人民法院可根据本地区的实际情况具体掌握，但最高不得超过银行同类贷款利率的四倍（包含利率本数）。超出此限度的，超出部分的利息不予保护。

第七讲 非法吸收公众存款罪

虽然民营经济对我国国民生产总值新增部分的贡献已达60%，但只获得30%的金融支持。面对融资难的现状，一些民营企业采取不正规甚至是非法融资的方式以应对资金困境。法院对"德隆系案"涉案人员以"非法吸收公众存款罪"的最终认定，为民营企业如何合法、有效地进行融资再一次敲响了警钟。

第七讲 非法吸收公众存款罪

【德恒公司非法吸收公众存款】"德隆系案"是我国首例证券公司因承诺保底和固定收益率而获刑罚的案件。德恒证券公司以开展资产管理业务为名,采取承诺到期后归还委托资产本金并支付固定收益的方式,变相吸收公众存款208亿余元供上海友联公司统一调拨、使用,且造成案发后尚有68亿余元资金无法兑付的严重后果。2005年8月31日,重庆市一中院对此案作出一审判决,判决德恒证券和7名被告人犯非法吸收公众存款罪。8名被告人不服判决提起上诉。2005年12月28日,重庆市高级人民法院作出终审判决,维持了对8名被告人犯有非法吸收公众存款罪的认定。[①]

一、什么是非法吸收公众存款罪

根据《刑法》第176条的规定,非法吸收公众存款罪是指违反国家法律、法规的规定,非法吸收公众存款或者变相吸收公众存款,扰乱金融秩序的行为。

这里的"公众存款",是指存款人是不特定的群体,如果存款人是少部分人或特定的人,比如单位的员工,就不属于"公众存款"。

在实践当中,犯本罪的多数是具有法人资格的公司、企业。我国对吸收存款的金融机构具有严格的规定,只能是银行、信用社、邮政储蓄,除此之外,包括证券公司、信托公司、保险公司等金融机构,都不能向社会公众吸收存款,否则将构成本罪。

本案中,德恒证券公司名义上为投资者进行资产管理,但其向投资者承诺保底和固定收益,这实质上就是变相地向社会公众吸收存款,因此,其行为构成了非法吸收公众存款罪。

二、非法吸收公众存款罪的行为方式

非法吸收公众存款罪要求行为人必须实施了非法吸收公众存款或变相吸收公众存款的行为。

根据《非法金融机构和非法金融业务活动取缔办法》第4条第2款的规定,非法吸收公众存款是指未经中国人民银行批准,向社会不特定对象吸收资金,出具凭证,承诺在一定期限内还本付息的活动。具体表现为,行为人完全仿造银行吸收存款的做法,以确定的存款期限、利率,面向社会公众吸收存款。由于明显高于银行同期同种类存款的利率,故吸引众多单位和个人将闲散

---

① 参见《德隆案审理是对证券违规违法者的明确警告》,载《人民法院报》2006年1月22日第1版。参见《德恒非法吸存案终审判决 维持原判被告依职领刑》,载新浪网2005年12月28日证券要闻,http://finance.sina.com.cn/stock/t/20051228/01202232090.shtml。

资金甚至将已存入银行的资金取出，存入行为人的账户。

变相吸收公众存款，是指未经中国人民银行批准，不以吸收公众存款的名义，向社会不特定对象吸收资金，但承诺履行的义务与吸收公众存款性质相同的行为。具体表现为，行为人为回避以"存款"的形式吸收公众资金引起麻烦，担心受到追究，在未经中国人民银行或国务院批准的情况下，擅自开办所谓的"基金"或者基金会，如"职工互助基金会"、"个体劳动者基金会"、"老龄基金会"等，再以此名义"合法"地吸收公众资金以开展所谓的"活动"。还有的以吸收投资扩大企业再生产为名，无固定利率，年底分红，实际许以高出银行利率很多的股息，吸收公众存款。这类行为的实质，与非法吸收公众存款的行为扰乱国家金融管理秩序没有区别。

从上述定义可以看出，非法吸收公众存款与变相吸收公众存款的共同特征在于以下两点：

一是非法性。所谓"非法"，是指任何向公众集资或吸收存款的行为，都必须经过中国人民银行批准，凡未经批准，即为非法。这里的中国人民银行，包括中国人民银行总行和各级分行。目前我国对存款业务经营实行特许制，即必须是经中国人民银行审核批准，具有存款经营业务范围的金融机构才能开展存款业务。因而，其他任何机构在未经中国人民银行审核批准的情况下，吸收公众存款的行为，就是非法的。非法吸收公众存款或变相吸收公众存款的行为人无视国家有关存款法律制度的禁止性规定，采取提高利率等方式，与银行争资金，将大量资金集中于其控制之下，形成在吸收存款上的不正当竞争，破坏了利率的统一，影响了币值的稳定，给金融秩序带来巨大的威胁，也给广大储户带来巨大的风险。

二是公开性。即是向社会不特定对象吸收资金。行为人开展非法吸收存款业务是面向不特定多数人的，而不是限于特定对象。而对于在企业内部的入股、集资行为，由于其对象为特定少数个人或单位内部成员，不属"公众"，一般不以本罪论处。

三、律师提示

（一）非法吸收公众存款罪与非罪的界限

区分非法吸收公众存款罪与非罪的界限主要在于吸收公众存款数额大小。虽然刑法没有规定构成犯罪的吸收公众存款的起点，但并非只要吸收了，即使几千元、几万元人民币，也要定罪处刑。根据最高人民检察院、公安部《关于经济犯罪案件追诉标准的规定》的规定，非法吸收公众存款罪的成立标准有以下三种情形：（1）以存款金额为标准：个人吸收公众存款数额在20万元以上的，单位吸收公众存款数额在100万元以上的；（2）以存款户数为标准：个人吸收公众存款30户以上的，单位吸收公众存款150户以上的；（3）以造成损失金额为标准：个人吸收公众存款给存款人造成直接经济损失数额在10万元以上的，单位非法吸收公众存款给存款人造成直接经济损失数额50万元以上的。只有吸收的公众存款数额达到上述标准，才构成本罪；如果吸收公众存款数额较小的，属"情节显著轻微危害不大"，依《刑法》第13条之规定，不构成犯罪。

（二）如何区分非法吸收公众存款行为与合法的民间借贷

在现实生活中，由于我国金融企业对民营企业，特别是中小型民营企业金融支持力度不够，导致民营企业普遍存在融资难、贷款难的问题。而民间借贷形式是民营企业经常采用的直接融资方式。因而，如何正确区分非法吸收公众存款行为与合法的民间借贷，对民营企业规避刑法风险具有重大意义。

◈**关联案例**◈ 河北大午农牧集团有限公司未经中国人民银行批准，经孙大午决策，招收代办员，设立代办点，于2000年1月至2003年5月间，以高于银行同期存款利率、承诺不交利息税等方式，出具名为"借款凭证"或"借据"实为存单的制式凭证，向社会公众变相吸收存款1627单，共计1308.3161万元，涉及611人。徐水县人民法院经审理认为，河北大午农牧集团有限公司的上述行为严重扰乱了金融秩序，已构成非法吸收公众存款罪，且数额巨大，涉及范围广。孙大午作为公司的法定代表人，对公司非法吸收公众存款的行为作出决策，是公司直接负责的主管人员，也构成非法吸收公众存款罪，依法均应予以处罚。但河北大午农牧集团有限公司非法吸收的公众存款用于企业经营，尚未造成吸储款项损失的后果，可以依法从轻处罚；被告人孙大午认罪服法，愿意承担法律责任和对非法吸收的公众存款负清退责任，有悔罪表现，不致再危害社会，依法适用缓刑。2003年10月30日，备受关注的河北大午农牧集团有限公司非法吸收公众存款案由河北省徐水县人民法院当庭作出一审判决：河北大午农牧集团有限公司犯非法吸收公众存款罪，并处罚金30万元；被告人孙大午犯非法吸收公众存款罪，判处有期徒刑3年，缓刑4年，并处罚金10万元。①

合法的民间借贷是建立在借款人和贷款人真实意愿的基础上的。根据1999年1月26日最高人民法院《关于如何确认公民与企业之间借贷行为效力问题

---

① 参见《非法吸收公众存款 大午集团和孙大午被追究刑事责任》，载《人民法院报》2003年10月31日第1版。

的批复》的规定,公民与非金融企业之间的借贷属于民间借贷,只要双方当事人意思表示真实及借款利率在国家许可的范围内即合法有效。当然,这里指的贷款方是特定的公民。也就是说,一个企业向少数、特定的公民借款的直接融资方式,法律是承认和保护的。

根据《非法金融机构和非法金融业务活动取缔办法》的规定,非法吸收公众存款的行为是向社会不特定的人员吸收资金,并出具凭证承诺在一定期限内还本付息的活动。在目前的司法实践中,认定行为是非法吸收公众存款,还是合法民间借贷,往往从其吸收资金的对象是"不特定"还是"特定"这一问题予以界定。

本案中,孙大午及其控制的河北大午农牧集团有限公司,在不具备吸收公众存款业务资格的情况下,采取以高于银行同期存款利率、承诺不交利息税等还本付息的方式,向社会不特定对象吸收资金,数额巨大,严重扰乱了国家金融秩序。因此,其行为已构成了非法吸收公众存款罪。

(三) 如何区分变相吸收公众存款行为与委托理财行为

当前,理财观念日益为普通公众所接受,委托理财已成为社会经济活动中不可或缺的投资方式,委托者和受托者日众,范围也愈来愈广,越来越多的民营企业参与到委托理财的经营活动中,接受客户委托提供理财服务,委托理财行为亦受到法律保护。但是,由于委托理财法律、法规的欠缺和局限,导致很多委托理财行为处于法律的盲区,企业在提供委托理财服务时,面临着巨大的法律风险,特别是承诺保底收益的委托理财行为,已触犯到刑法雷区。因而,民营企业在提供委托理财服务时,如何合理规避刑法风险,就显得尤为重要。

◆**关联案例**◆在"德隆系"系列案中,中富证券于2002年2月在上海市成立,注册资金5.1亿元,德隆国际战略投资有限公司(以下简称德隆集团)法定代表人唐万新兼任总裁,该证券公司具有受托投资管理等业务的资质。2003年初,唐万新通过友联公司开始控制中富证券。2003年7月,被告人彭军受友联公司委派任中富证券总裁助理,全面负责资产管理业务;被告人陈军任中富证券资产管理部总经理,具体负责资产管理业务的操作。其间,唐万新明确要求彭军以保本并支付高于银行同期利率数倍利息的方法吸收公众资金,并下达了吸收资金6亿元的指标,还规定所吸收的资金由友联公司统一支配。为此,彭军、陈军先后制定了具体操作规则和相关合同格式文本,多次召开各部门会议,组织员工培训并向各营业部分解指标等。2003年9月至2003年12月间,中富证券向北京市人防开发管理中心等5家单位和王宏等22名个人吸收资金计1.9亿余元。2004年初,被告人彭军、陈军离开中富证券后,继任者楼群、李刚根据唐万新的指示,继续以上述方法吸收公众资金。2004年1月至同年4月间,中富证券向通用燃气有限公司等17家单位和殷新红等41名个人吸收资金计6亿余元。

中富证券将吸收的资金全部交友联公司支配,主要用于购买股票和国债、支付本息、开展其他业务等。至2004年7月7日案发时,中富证券客户账户上的资金余额仅为3370万余元,证券市值仅为2.6亿余元,且尚有6.1亿余元未向客户兑付。

2005年9月9日,上海市第二中级人民法院一审判决被告单位中富证券的行为构成非法吸收公众存款罪。被告人彭军、楼群承担中富证券单位犯罪中直接负责的主管人员的刑事责任。被告人陈军、李刚承担中富证券单位犯罪中其他直接责任人员的刑事责任。一审判决后,被告单位中富证券及被告人楼群不服,提出上诉。上海市高级人民法院终审裁定驳回上诉,维持原判。

委托理财,通常是指证券公司提供的受托投资管理业务。在委托理财业务中,证券公司与客户之间是建立在资产管理合同上的委托代理法律关系,证券公司开展资产管理业务必须以客户的名义进行,体现的是客户的意愿,其投资风险是由客户自行承担。鉴于资产管理业务的上述特征,中国证监会《证券公司客户资产管理业务试行办法》第43条规定了证券公司开展资产管理的投资风险由客户自行承担。另外,2005年修订的《证券法》第144条也从总体上规定了证券公司在不得以任何方式对客户证券买卖的收益或赔偿证券买卖的损失作出承诺。因此,在上述案例中,被告采取承诺保底和固定收益率的方式委托理财,首先是违反相关法律法规的。从行为方式上看,被告单位中富证券开展保本付息承诺的所谓资产管理业务并不具备委托理财的特征。本案中保本付息承诺的受托投资管理业务的具体运作过程是,证券公司以给予固定回报或高于银行同期储蓄存款利率数倍的承诺为前提,通过与客户签订名为资产管理合同等方法吸引客户投入资产,再以证券公司自己的名义将该资产投入证券市场从事股票、债券等金融工具的组合投资,实现自己收益最大化。

上述行为具有以下特点:一是证券公司与客户之间虽然签订了名义上的资产管理合同,但这不是真正的委托代理协议,其实质是证券公司向客户约定到期兑现的承诺书,故证券公司与客户之间不存在委托代理关系;二是证券公司在取得客户投资的资产后以自己名义对外投资,投资方法和投资时机等均由证券公司自己决策或决定,体现的是证券公司的意愿,客户在证券公司向其作出承诺后并不关心证券公司如何使用其投入的资产;三是无论证券公司是否盈亏都要在约定期限内支付固定利率,即客户投入资产的风险由证券公司承担;四是从资金的流向来看,以资产管理业务为名吸收的资产并没有用来进行正当的股票或债券投资,而是用来兑付到期的理财资金、业务拓展、进行违法的证券投资等行为。由此可知,证券公司推出保本付息承诺的委托理财业务,不是法律规定的资产管理业务,而是以所谓的委托理财名义向社会不特定人员借用资金的性质,故证券公司推出保本付息承诺的所谓委托理财业务属于变相吸收公众存款的行为。

当然如果仅以承诺保本、保收益为标准认定非法吸收公众存款罪亦有不妥之处。资产管理业务与非法吸收公众存款的区别,不仅在于是否承诺保本、保收益,更主要的是资金是否独立管理。资产管理是以客户名义进行投资的行为,证券公司与客户是代理关系。如果以资产管理为名吸收资金后,将资产管理资金当做自有资金,统一安排使用时,其行为就转变为了变相吸收公众存款行为。这一点从证监会规定中也能反映,在《关于规范证券公司受托投资管理业务的通知》中要求证券公司对受托投资资产和其自有资产及不同委托人的资产相互独立管理和经营,严格区分自营资金与资产管理资金的使用。《证券公司客户资产管理业务试行办法》则进一步要求将资产管理资金另行交其他托管人托管,防止资金的混合使用,对证券公司在自营与资产管理之间增设了防火墙。

因此,委托理财等资产管理行为与变相吸收公众存款行为之间存在两条界限:一是承诺保本、保收益;二是以投资人名义独立进行使用,当证券公司不仅承诺保本、保收益,且将资产管理资金当做自有资金,统一安排使用时,就可认定为变相吸收公众存款行为,构成非法吸收公众存款罪。

(四) 如何区分非法吸收公众存款行为与企业内部集资

非法吸收公众存款行为与企业内部集资的最本质区别在于,吸收资金对象的不同,前者是社会不特定的个人和单位,而后者仅严格限于企业的内部职工。

在目前信贷资金严重不足的情况下,向企业内部职工集资成为了企业特别是中小型民营企业筹资发展的一种方式。企业向内部职工集资,不得违反金融监管机构的有关规定。否则,其将受到相应的行政处罚,但只要集资的对象严格限定在内部职工的范围内,其他违规情节一般不会触及刑法,构成犯罪。

而非法吸收公众存款的行为,是向不特定的个人和单位吸收资金,即所吸收的是"公众存款"。有些企业以向职工内部集资为幌子,将集资的对象扩展至职工以外的人,例如鼓励职工拉拢亲朋好友参加集资,或者向社会发布企业内部集资广告,这实质已经演变成变相地向社会公众非法吸收存款的行为,很可能构成非法吸收公众存款罪。

（五）非法吸收公众存款罪的量刑

《刑法》第 176 条规定，非法吸收公众存款罪的量刑起点为 3 年以下有期徒刑或者拘役，并处或单处 2 万元以上 20 万元以下罚金；对于数额巨大或者情节严重的，处 3 年以上 10 年以下有期徒刑，并处 5 万元以上 50 万元以下罚金。

单位犯本罪的，对单位判处罚金，并对其直接负责的主管人员和其他直接责任人员，依照前述的规定处罚。

❖关联法律规定❖

《刑法》第一百七十六条　【非法吸收公众存款罪】非法吸收公众存款或者变相吸收公众存款，扰乱金融秩序的，处三年以下有期徒刑或者拘役，并处或者单处二万元以上二十万元以下罚金；数额巨大或者有其他严重情节的，处三年以上十年以下有期徒刑，并处五万元以上五十万元以下罚金。

单位犯前款罪的，对单位判处罚金，并对其直接负责的主管人员和其他直接责任人员，依照前款的规定处罚。

最高人民检察院、公安部《关于经济犯罪案件追诉标准的规定》（2001 年 4 月 18 日实施）

二十四、非法吸收公众存款案

非法吸收公众存款或者变相吸收公众存款，扰乱金融秩序，涉嫌下列情形之一的，应予追诉：

1. 个人非法吸收或者变相吸收公众存款，数额在二十万元以上的，单位非法吸收或者变相吸收公众存款，数额在一百万元以上的；

2. 个人非法吸收或者变相吸收公众存款三十户以上的，单位非法吸收或者变相吸收公众存款一百五十户以上的；

3. 个人非法吸收或者变相吸收公众存款，给存款人造成直接经济损失数额在十万元以上的，单位非法吸收或者变相吸收公众存款，给存款人造成直接经济损失数额五十万元以上的。

最高人民法院《关于如何确认公民与企业之间借贷行为效力问题的批复》（1999 年 2 月 13 日施行）

公民与非金融企业（以下简称企业）之间的借贷属于民间借贷。只要双方当事人意思表示真实即可认定有效。但是，具有下列情形之一的，应当认定无效：

（一）企业以借贷名义向职工非法集资；

（二）企业以借贷名义非法向社会集资；

（三）企业以借贷名义向社会公众发放贷款；

（四）其他违反法律、行政法规的行为。

借贷利率超过银行同期同类贷款利率四倍的，按照最高人民法院法（民）发〔1991〕21号《关于人民法院审理借贷案件的若干意见》的有关规定办理。

《全国法院审理金融犯罪案件工作座谈会纪要》（2001年1月21日）

关于非法吸收公众存款罪。非法吸收或者变相吸收公众存款的，要从非法吸收公众存款的数额、范围以及给存款人造成的损失等方面来判定扰乱金融秩序造成危害的程度。根据司法实践，具有下列情形之一的，可以按非法吸收公众存款罪定罪处罚：

（1）个人非法吸收或者变相吸收公众存款20万元以上的，单位非法吸收或者变相吸收公众存款100万元以上的；

（2）个人非法吸收或者变相吸收公众存款30户以上的，单位非法吸收或者变相吸收公众存款150户以上的；

（3）个人非法吸收或者变相吸收公众存款给存款人造成损失10万元以上的，单位非法吸收或者变相吸收公众存款给存款人造成损失50万元以上的，或者造成其他严重后果的；个人非法吸收或者变相吸收公众存款100万元以上，单位非法吸收或者变相吸收公众存款500万元以上的，可以认定为"数额巨大"。

第四篇
生产经营中的刑法风险及其防范

第八讲 合同诈骗罪

　　2006年，四川明星电力第一大股东周益明被法院一审认定构成合同诈骗罪，判处无期徒刑，又一个民营企业家因触犯刑法而身陷囹圄。面对商场上不断翻新的各种诈骗陷阱，很多民营企业也变得有些无所适从。如何防止自己触雷、防止别人向你投雷，成为了民营企业发展中亟待解决的现实问题。

【吴志剑合同诈骗案】 曾在中国富豪榜排名第九的原深圳政华集团总裁吴志剑，于1999年底成立了专门从事出租车融资业务的小组，并指使手下伪造《深圳市出租小汽车营运牌照产权证》300本，还伪造了"深圳市运输局营运中心"的公章、钢印，对公司的出租车经营承包合同进行修改，先后与200多名承租者签订承包合同，诈骗承租司机租金上亿元。2003年4月18日，深圳市中级人民法院一审认定吴志剑犯合同诈骗罪和伪造国家机关证件罪，数罪并罚，判处有期徒刑17年，并处罚金50万元。①

一、什么是合同诈骗罪

根据《刑法》第224条的规定，合同诈骗罪是指以非法占有为目的，在签订、履行合同过程中，采取虚构事实或者隐瞒真相等欺骗手段，骗取对方当事人财物数额较大的行为。

合同诈骗罪是从诈骗罪这一罪名中分离出来的特定罪名，它既有普通诈骗的共性，又有其自身特性。这主要是在诈骗的手法上利用了"合同"这一形式，以此掩盖诈骗的目的。合同诈骗罪中的"合同"主要是指经济合同，其表现形式不仅包括书面合同，还包括口头合同。凡是与经济利益和市场经济秩序无关的合同，如监护、收养、抚养等有关身份关系的合同或协议，均不属于合同诈骗罪中的"合同"。另外，单位和个人均可以成为合同诈骗的犯罪主体，而诈骗罪只能是个人才会触犯。

本案中，吴志剑就是使用虚假的产权证与出租车司机签订承包合同，骗取司机租金，其行为已构成合同诈骗罪。

二、合同诈骗罪的行为方式

合同诈骗，是指犯罪分子在签订、履行合同的过程中，采取虚构身份，伪造相关证明文件，隐瞒自身的履约能力和诈骗意图，使被害人产生错误认识处分财产，将财物"自愿"交由犯罪分子控制的行为。合同诈骗的种类、行为方式多种多样。概括来讲，在司法实践中，合同诈骗主要存在以下几种行为方式：

（一）以虚构单位或者冒用他人的名义签订合同

即以凭空捏造出来的单位的名义或未经他人授权或同意以他人名义签订合同的。

---

① 参见《"大富豪"原深圳政华集团总裁吴志剑被判刑》，载新华网2003年4月20日新闻中心，http://news.xinhuanet.com/newscenter/2003-04/20/content_840682.htm。

❖**关联案例**❖ 山西省太原市"叶某合同诈骗案"。叶某虚构了山西鑫叶烟草发展公司,伪造相关工商执照,私刻中国烟草总公司和吕梁烟草公司公章,以高额利息为诱饵,谎称做烟草生意,骗取他人信任,以签订协议的形式,先后诈骗1.03亿元,2006年4月13日,太原市中级人民法院一审认定其行为构成合同诈骗罪,依法判处叶某无期徒刑,剥夺政治权利终身,并处没收个人全部财产。①

(二)以伪造、变造、作废的票据或者其他虚假的产权证明作担保

合同的担保,是合同当事人防范风险,保障合同正常履行的一个重要措施。犯罪分子为取得对方当事人的信任,往往以伪造、变造、作废的票据或其他虚假的产权证明作担保,以达到获取信任,骗取钱财的目的。这里所称的票据,主要指能作为担保凭证的金融票据,即汇票、本票和支票等。所谓其他产权证明,包括土地使用权证、房屋所有权证以及能证明动产、不动产的各种有效证明文件。

❖**关联案例**❖ 北京市"交大博通合同诈骗案"。王某是北京宇博弘业科技开发有限公司法定代表人,在2004年1月至6月期间,他以利华晶公司、天马通达公司等多家公司的名义与交大博通签订了20余份购销合同,并采用提供伪造的中电子公司担保函的手段,骗取交大博通以承兑汇票形式支付的货款人民币4693万余元后,将其中4674万余元非法占有,用于归还其个人债务。2006年5月19日,北京市第一中级人民法院一审认定王某犯合同诈骗罪,判处无期徒刑,剥夺政治权利终身,并处没收个人全部财产。②

(三)没有实际履行能力,以先履行小额合同或者部分履行合同的方法,诱骗对方当事人继续签订和履行合同

犯罪分子往往以先履行小额合同或者部分履行合同为诱饵,使对方当事人对其履约能力信以为真,进而与其签订标的额更大的合同,从而达到骗取钱财的目的。

❖**关联案例**❖ 宁夏银川市"金鹰国际集团"合同诈骗案。被告人郑某系金鹰国际集团股份有限公司法定代表人,从2001年9月至2007年,被告人郑某伙同被告人田某、严某、徐某、吴某、袁某、许某某以非法占有为目的,在

---

① 参见《经济司法》,载 http://www.shanxigov.cn/structure/ztzl/nj07nr_89450_1.htm。
② 参见《合同诈骗巨款 非法拘禁讨债 一老总被判无期》,载北京法院网2006年5月1日案件快报,http://bjgy.chinacourt.org/public/detail.php?id=29394&k_w=%E5%8D%9A%E9%80%9A。

根本不具备履行合同能力的情况下，使用伪造的证明文件，欺骗宁夏回族自治区政府和内蒙古自治区呼和浩特市政府签订合同，并在签订合同过程中虚构事实、隐瞒真相、以先履行小额合同和部分履行合同诱骗对方当事人继续签订和履行合同，挥霍被害人交付的货款、货物、致使无法返还等方法，骗取对方当事人财物，郑某骗取宁夏、内蒙古两地政府土地使用权以及相关被害人资金总价值17.09亿多元。2008年8月21日，银川市中级人民法院一审认定被告人郑某犯合同诈骗罪，判处无期徒刑，剥夺政治权利终身，并处没收个人全部财产；郑某不服，提起上诉，宁夏回族自治区高级人民法院裁定驳回上诉，维持原判。

（四）收受对方当事人给付的货物、货款、预付款或者担保财产后逃匿

这种情形中，犯罪分子根本不想履行合同，只要签订了合同，对方当事人给付了货物、货款、预付款或者担保财产，其诈骗钱财的目的就已实现，然后便一走了之。

◈关联案例◈甘肃省武威市"刘顺家合同诈骗案"。1995年9月，刘顺家用已被工商局吊销营业执照的"江西省三力边贸发展公司"名义和印章与武威行署机关服务公司签订了价值102万元的葵花籽购销合同，承诺先预付40%的货款，剩余货款及铁路运费用商业承兑汇票偿付。受害方武威行署机关服务公司按约将价值104.652万元的葵花籽交付给刘顺家及陈戬，后者除已支付给对方41.8608万元货款外，剩余货款62.7912万元及货物铁路运费6.253426万元，由为刘顺家安排负责收货的陈戬出具了欠条，并由陈戬交给受害方伪造的商业承兑汇票两张。刘顺家伙同陈戬、陈浩将全部货物销售后，坐地分赃，刘顺家分得赃款23万元后卷款外逃长达4年之久。2003年9月1日，武威市中级人民法院一审认定被告人刘顺家犯合同诈骗罪，判处有期徒刑15年，并处罚金5万元。①

（五）以其他方法骗取对方当事人财物

这里所说的其他方法，是指在签订、履行经济合同过程中使用的上述四种方法以外，以经济合同为手段、以骗取合同约定的由对方当事人交付的货物、货款、预付款或者定金以及其他担保财物为目的的一切手段。实践中大致有以下几种情况：1. 虚构货源或者其他合同标的，签订空头合同的。2. 利用虚假

---

① 参见《"刘顺家合同诈骗案"甘肃省高级人民法院刑事裁定书（2003）甘刑二终字第106号》，载北大法宝，http://vip.chinalawinfo.com/newlaw2002/slc/slc.asp?db=fnl&gid=117483040。

的广告和信息，诱人签订合同，骗取中介费、立项费、培训费的。3. 假冒联合经营、投资、合作名义，签订、履行合同骗取对方财物的。4. 利用合同制裁条款骗取定金、违约金。犯罪分子利用有些人法律知识的贫乏，故意设立陷阱，签订条款不完备的合同，利用合同的制裁条款，制造对方违约，骗取违约金或定金。5. 挥霍或使用对方上述财物进行违法活动，致使其无法返还的。6. 伪造合同骗取对方当事人及其代理人或者权利义务继受人财物的。

三、律师提示

（一）合同诈骗罪与非罪的界限

区分合同诈骗罪与非罪的界限，主要应考虑以下两个因素：
1. 行为人诈骗数额的大小

根据《刑法》第224条规定，合同诈骗，只有达到数额较大，才能以合同诈骗罪论处。如果行为人虽然以非法占有为目的，在签订、履行合同过程中，诈骗对方当事人的财物，但没有达到数额较大的标准，就不能以合同诈骗罪论处，应按一般违法行为处理，不应认定构成犯罪。根据2001年4月18日最高人民检察院、公安部《关于经济犯罪案件追诉标准的规定》的有关规定，以非法占有为目的，在签订、履行合同过程中，骗取对方当事人财物，涉嫌下列情形之一的，应予追诉：（1）个人诈骗公私财物，数额在5000元至2万元以上的；（2）单位直接负责的主管人员和其他直接责任人员以单位名义实施诈骗，诈骗所得归单位所有，数额在5万元至20万元以上的。另外，还要注意的是，对于合同诈骗的数额，不能以合同标的数额来认定，而应以行为人实际或希望骗取财物的数额来认定。但合同标的金额的大小反映着其主观恶性的大小，司法实践中往往作为量刑的情节加以考虑。

2. 是否具有非法占有公私财物的目的

合同诈骗就是行为人以非法占有为目的，在签订、履行合同过程中，采取虚构事实或者隐瞒真相等欺骗手段，骗取对方当事人财物的行为。故行为人必须具有非法占有对方当事人财物的目的，才构成合同诈骗罪。根据最高人民法院《关于审理诈骗案件具体应用法律的若干问题的解释》，行为人具有下列情形之一的，应认定其行为属于以非法占有为目的，利用经济合同进行诈骗：

（1）明知没有履行合同的能力或者有效的担保，采取下列欺骗手段与他人签订合同，骗取财物数额较大并造成较大损失的：①虚构主体；②冒用他人名义；③使用伪造、变造或者无效的单据、介绍信、印章或者其他证明文件的；④隐瞒真相，使用明知不能兑现的票据或者其他结算凭证作为合同履行担保的;⑤隐瞒真相,使用明知不符合担保条件的抵押物、债权文书等作为合同履行担保的;⑥使用其他欺骗手段使对方交付款、物的。

(2) 合同签订后携带对方当事人交付的货物、货款、预付款或者定金、保证金等担保合同履行的财产逃跑的。

(3) 挥霍对方当事人交付的货物、货款、预付款或者定金、保证金等担保合同履行的财产,致使上述款、物无法返还的。

(4) 使用对方当事人交付的货物、货款、预付款或者定金、保证金等担保合同履行的财产进行违法犯罪活动,致使上述款物无法返还的。

(5) 隐匿合同货物、货款、预付款或者定金、保证金等担保合同履行的财产,拒不返还的。

(6) 合同签订后,以支付部分货款,开始履行合同为诱饵,骗取全部货物后,在合同规定的期限内或者双方另行约定的付款期限内,无正当理由拒不支付其余货款的。

因而,如果行为人有上述客观行为之一,就可以判断其有非法占有对方当事人财物的诈骗目的。

(二) 如何区别合同诈骗犯罪行为与民事欺诈行为

实践当中,合同诈骗与民事欺诈很容易混淆,两者都是用"骗"的方法作为敛财之道。但是两者有本质的区别:民事欺诈行为属于合同当事人之间的民事纠纷,欺诈者只需承担相应的民事责任,比如违约责任、赔偿损失责任等;而一旦被认定为合同诈骗,则行为人面临的将是严厉的刑事处罚。

区分合同诈骗与民事欺诈,首先看"骗"的目的:合同诈骗行为人的目的在于非法地占有他人的财物;而民事欺诈行为人则是采用欺骗的手法,使他人产生错误的认识,作出对自己有利的行为,从而通过双方履行这种行为获得"非法的利益"。其次,看"骗"的内容和手段:从内容上看,民事欺诈有民事内容的存在,即欺诈方希望通过经营活动或商品交换等经济活动取得一定的经济利益。而合同诈骗罪根本不准备履行合同,或根本没有履行合同的实际能力或担保。从手段上看,合同的民事欺诈一般是以合同条款或内容为主,如隐瞒有瑕疵的合同标的物,或对合同标的物质量作虚假的说明和介绍等,而无须使用虚构或假冒身份,伪造相关证明文件等手段;而合同诈骗罪的行为人是为了达到利用合同骗取财物的目的,总是千方百计地使用各种虚构事实,隐瞒真相的手段,如利用虚假的姓名、身份证明、授权委托书等证明文件,伪造公文、产权证明、工商登记等法律文件骗取受欺诈方的信任。最后,看"骗"后的表现:合同诈骗行为人一旦取得财物,或者逃匿,或者大肆挥霍,自始至终毫无履行合同的诚意;而民事欺诈行为人虽然也采取了虚构事实或隐瞒真相的方法使他人签订合同,但在签订合同之后,其总会以积极的态度创造条件履行合同。例如,开发商销售房屋时,未如实告知业主房屋已抵押的事实,并把业主支付的购房款挪作他用,导致交楼时该房屋的抵押登记仍未涂销。这种情况,应该说发展商虽然故意隐瞒房屋抵押的事实,以此诱使业主购买其房屋,但其仍履行了交房的义务,只是所交付的房屋存在权利瑕疵。因此,这种情况应该属于违背诚信原则的民事欺诈行为。但开发商如果故意一房多卖,则很可能构成合同诈骗罪。

(三) 如何区分合同诈骗罪与合同经济纠纷

合同经济纠纷,属于经济纠纷的范畴,是指经济合同的当事人,在签订或者履行经济合同的过程中,因各自的权利义务而发生争议。行为人具有履行或大致履行合同的诚意,只是由于客观原因而没有完成合同的履行,从而发生经济纠纷;反言之,如果没有某种客观原因的存在,合同很可能就能够得到履行。合同诈骗与一般合同纠纷的界限很模糊,十分容易混淆,难以把握。二者都产生于经济活动过程中,都具备合同的外在形式;在履行阶段可能都有部分履行行为,特别在一些合同纠纷中还可能存在一些欺诈行为,占有他人财物的情节等。因而,要划清它们的界限,应从以下几方面着手分析:

1. 签订合同的目的。合同诈骗是行为人以非法占有为目的而实施的犯罪行为,犯罪分子签订合同的目的,就是为了通过利用合同进行诈骗,从而达到非法占有对方当事人财物的目的;而合同经济纠纷的当事人签订合同的目的,则是为了通过经营或者交易来赢取经济利益,即使双方存在重大的争议,也可以用追究民事责任的救济途径来得到解决,不需要刑法的介入和调整。这是二者区别的关键点。

2. 签订合同的当事人是否有实际履行能力。如果行为人在签订合同时就根本没有履行合同的能力,并且在合同履行期届满前也可预料其没有实际履行合同的能力;或者在合同订立时有履行能力,但在签订合同后,由于种种事由而丧失了履行合同的能力,却仍然以履行小额合同或部分履行合同的方式诱骗对方当事人继续签订和履行合同的,应当认定为合同诈骗犯罪。但如果是本来有履行能力或本来可以有履行能力,签订合同后虽经努力,却仍然由于某些原因无力履行的,则应作为合同纠纷处理。

3. 签订合同后行为人有无履行合同的实际行动。司法实践表明,行为人有履行合同的诚意,在签订合同后,必然设法创造条件使合同得以履行,如果不能履行或不能完全履行,也会愿意承担违约责任,赔偿对方损失。无疑,这属合同纠纷。但是，有些人在合同签订后，根本不去履行合同，往往是货款一到手，便大肆挥霍，造成无力偿还。这种行动足以证明他根本无意履行合同，完全是出于骗取财物的目的。因此，应当以合同诈骗罪论处。

（四）谨防借企业兼并之名行合同诈骗之实的陷阱

随着我国经济产权结构的不断优化，民营企业收购国有企业以及民营企业之间的相互合并，已经成为民营经济发展的一大亮点。在实践中，有兼并方采取欺骗的手段签订兼并合同，在取得被兼并企业的资产后，没有将兼并的资产用于生产经营活动，或者以将小部分的兼并资产用于生产经营为诱饵，骗取大部分兼并资产变现后据为己有；也有被兼并方虚构企业资产，诱骗兼并方签下虚高的收购价，在兼并方的收购资金部分到位后，携款潜逃。事实上，兼并方或被兼并方的上述行为，已经属于合同诈骗的犯罪行为。

❀**关联案例**❀1994年至1997年间，程庆通过伪造金融票证、虚假出资等手段，分别设立了新峰公司、美新鞋业公司两家"空壳"公司。在这两家公司无任何经济实力的情况下，程庆以"资产重组、共同生产TPR新型鞋材、出口服装和全员接受职工、按时发放职工工资、缴纳职工社会养老保险金"等条件，诱骗重庆立新印刷纸箱厂、重庆塑料十九厂等企业与其签订兼并合同。兼并后，程庆既不将这些企业的财产用于生产经营活动，也未按协议的规定承担兼并企业的债权债务，却通过变卖、抵押、出资被兼并企业的有效资产和其他收入等手段，非法占有被兼并企业的巨额财产。2001年7月31日，重庆市第一中级人民法院判处程庆犯合同诈骗罪，程庆不服提起上诉。重庆市高级人民法院终审维持了对程庆犯有合同诈骗罪的认定。①

（五）合同诈骗罪的量刑

依《刑法》第224条的规定，诈骗数额较大（即个人诈骗1万元以上不满5万元，单位诈骗10万元不满50万元）构成犯罪，其量刑起点为3年以下有期徒刑或者拘役，并处或者单处罚金；诈骗数额巨大（即个人诈骗5万元以上不满50万元，单位诈骗50万元不满200万元）或者有其他严重情节的，处3年以上10年以下有期徒刑，并处罚金；诈骗数额特别巨大（即个人诈骗50万元以上，单位诈骗200万元以上）或有其他特别严重情节的，处10年以上有期徒刑或无期徒刑，并处罚金或没收财产。

依《刑法》第231条规定，单位犯合同诈骗罪的，对单位判处罚金，并

---

① 参见祝铭山：《贪污罪——典型案例与法律适用》，中国法制出版社2004年版，第69页。

对其直接负责的主管人员和其他直接责任人员，依照《刑法》第 224 条的规定处罚。

❖关联法律规定❖

《刑法》第二百二十四条 【合同诈骗罪】有下列情形之一，以非法占有为目的，在签订、履行合同过程中，骗取对方当事人财物，数额较大的，处三年以下有期徒刑或者拘役，并处或者单处罚金；数额巨大或者有其他严重情节的，处三年以上十年以下有期徒刑，并处罚金；数额特别巨大或者有其他特别严重情节的，处十年以上有期徒刑或者无期徒刑，并处罚金或者没收财产：

（一）以虚构的单位或者冒用他人名义签订合同的；

（二）以伪造、变造、作废的票据或者其他虚假的产权证明作担保的；

（三）没有实际履行能力，以先履行小额合同或者部分履行合同的方法，诱骗对方当事人继续签订和履行合同的；

（四）收受对方当事人给付的货物、货款、预付款或者担保财产后逃匿的；

（五）以其他方法骗取对方当事人财物的。

第二百三十一条 单位犯本节第二百二十一条至第二百三十条规定之罪的，对单位判处罚金，并对其直接负责的主管人员和其他直接责任人员，依照本节各该条的规定处罚。

最高人民检察院、公安部《关于经济犯罪案件追诉标准的规定》（2001 年 4 月 18 日）

六十九、合同诈骗案

以非法占有为目的，在签订、履行合同过程中，骗取对方当事人财物，涉嫌下列情形之一的，应予追诉：

1. 个人诈骗公私财物，数额在五千元至二万元以上的；

2. 单位直接负责的主管人员和其他直接责任人员以单位名义实施诈骗，诈骗所得归单位所有的，数额在五万元至二十万元以上的。

最高人民法院《关于审理诈骗案件具体应用法律的若干问题的解释》（1996 年 12 月 24 日）

二、根据《刑法》第一百五十一条和第一百五十二条的规定，利用经济合同诈骗他人财物数额较大的，构成诈骗罪。

利用经济合同进行诈骗的，诈骗数额应当以行为人实际骗取的数额认定，合同标的数额可以作为量刑情节予以考虑。

行为人具有下列情形之一的，应认定其行为属于以非法占有为目的，利用经济合同进行诈骗：

（一）明知没有履行合同的能力或者有效的担保，采取下列欺骗手段与他人签订合同，骗取财物数额较大并造成较大损失的：

1. 虚构主体；
2. 冒用他人名义；
3. 使用伪造、变造或者无效的单据、介绍信、印章或者其他证明文件的；
4. 隐瞒真相，使用明知不能兑现的票据或者其他结算凭证作为合同履行担保的；
5. 隐瞒真相，使用明知不符合担保条件的抵押物、债权文书等作为合同履行担保的；
6. 使用其他欺骗手段使对方交付款、物的。

（二）合同签订后携带对方当事人交付的货物、货款、预付款或者定金、保证金等担保合同履行的财产逃跑的；

（三）挥霍对方当事人交付的货物、货款、预付款或者定金、保证金等担保合同履行的财产，致使上述款物无法返还的；

（四）使用对方当事人交付的货物、货款、预付款或者定金、保证金等担保合同履行的财产进行违法犯罪活动，致使上述款物无法返还的；

（五）隐匿合同货物、货款、预付款或者定金、保证金等担保合同履行的财产，拒不返还的；

（六）合同签订后，以支付部分货款，开始履行合同为诱饵，骗取全部货物后，在合同规定的期限内或者双方另行约定的付款期限内，无正当理由拒不支付其余货款的。

第九讲　偷　税　罪

　　不少民营企业家们在艰苦创业、勤劳致富的过程中，或多或少地面临过纳税、避税、漏税甚至是偷税的困扰。可以说，偷税罪是民营企业的"原罪"之一。即便如此，市场经济是法治经济，"原罪"也不应一概得到豁免。对晓庆公司偷税案的惩处，正体现了法治社会所应具备的规范与理性。

【刘晓庆文化公司偷税案】 我国著名演员刘晓庆及其公司涉税案，曾轰动全国。1996年至2001年间，北京晓庆文化艺术有限责任公司作为纳税义务人、代扣代缴义务人，违反税收征管规定，采取伪造记账凭证，在账簿上多列支出或不列、少列收入，进行虚假的纳税申报的手段，不缴或少缴应纳税款，偷逃各种税款共计人民币6679069.6元，且各年度的偷税数额占当年度应纳税额的比例均在30%以上。被告人靖军于1996年9月至2001年在被告单位任总经理的职务，主管财务工作，对任职期间单位实施的偷税行为负有直接责任。作为代扣代缴义务人，北京晓庆文化艺术有限责任公司在1997年、1998年、2000年拍摄电视连续剧《逃之恋》、《皇嫂田桂花》过程中，将已代扣的演职人员个人所得税共计人民币418574.43元隐瞒，不予代为缴纳。

2004年4月6日，北京市朝阳区人民法院一审判决被告单位北京晓庆文化艺术有限责任公司犯偷税罪，判处罚金人民币710万元；被告人靖军作为单位直接负责的主管人员，参与实施被告单位大部分偷税行为，也构成偷税罪，判处被告人靖军有期徒刑3年。①

一、什么是偷税罪

根据《刑法》第201条的规定，偷税罪是指纳税人采取欺骗、隐瞒手段进行虚假纳税申报或者不申报，逃避缴纳税款数额较大并且占应纳税额10%以上的，或者5年内因逃避缴纳税款受过刑事处罚或者被税务机关给予二次以上行政处罚的行为。

税法是国家凭借法律对纳税人的合法财产进行强制的无偿的分配，是纳税人的经济利益无偿向国家让渡。税法的根本宗旨是保证国家财政收入，以刑事立法打击偷税是国家保护财政收入的手段。因此，偷税罪的定罪量刑应当与保护国家财政收入的目的相适应，过重或过轻都不利于国家税收征管。一般的偷税违法行为只需要由相关政府部门要求偷税人补缴税款，给予行政处罚即可。只有达到了严重的危害程度，才构成犯罪，行为人面临的将是严厉的刑事处罚。

刑法对犯偷税罪的主体是有特殊规定的，即只有纳税人和扣缴义务人才能构成本罪。根据《税收征收管理办法》第4条的规定，纳税人是指法律、行政法规规定负有纳税义务的单位或个人；扣缴义务人，是指法律、行政法规规定有代扣代缴、代收代缴税款义务的单位和个人。因此，对于代征人、税务代理人等这些代为办理税务事宜的单位或个人，是构不成偷税罪的。

---

① 参见陈孝英、申小雨编著：《刘晓庆422天的痕迹》，现代出版社2004年版。

刘晓庆涉税案中，被告单位北京晓庆文化艺术有限责任公司作为纳税义务人和扣缴义务人，采用各种方法隐瞒申报纳税款，偷逃税款数额巨大，已符合偷税罪的构成条件，被告人靖军作为单位直接负责的主管人员，参与实施被告单位大部分偷税行为，亦构成偷税罪，应追究刑事责任。

二、偷税罪的行为方式

根据我国刑法规定，偷税罪的行为方式主要表现为违反国家税收法规，采取伪造、变造、隐匿、擅自销毁账簿、记账凭证，在账簿上多列支出或者不列、少列收入，经税务机关通知申报而拒不申报或者进行虚假的纳税申报的手段，不缴或者少缴应缴纳的税款，情节严重的行为。司法实践中常见的偷税行为主要有以下几类：

（一）伪造、变造账簿、记账凭证

这是最常见的一种偷税方式。这种方式多为个体经营者所采用，一般是不建账或不按要求建账，使税务人员无法得知其经营收支情况。如某个体商店业主将收支情况记到自制的纸本上，采用一些只有自己才明白的数字和文字符号，经多次检查督促，仍以"没文化"、"不认字"等理由拒不建账，其实是借机偷税；国有、集体企业也往往采取伪造、变造账簿的方式偷税。企业必须建账，因此在这一点上企业多采用少造账簿的方式偷税。如某集体企业是个生产火柴的厂家，该企业负责人为了少缴税款，在账簿上"做文章"，重计材料入库、重列成本、多提乱提费用、少提折旧等，偷漏所得税、增值税。对职工个人采用工资之外多支利息的方式偷漏个人收入调节税。通过上述手段，使账面收入与实际收入、账面支出与实际支出之间出现巨大落差，结果少缴各种税款达 50 多万元。

（二）私设"小金库"，建立账外账

纳税人建置真假两本账，真账自己使用，却把假账当做真账交给税务人员检查，作为纳税依据。他们有的是盈利企业，却在假账上人为制造"亏损"，有的将大宗经营额计到真账上面，而将小宗经营额记入假账，造成经营状况不佳的假象，从而少缴税款。

（三）多行开户，隐瞒收入

有的纳税人在多个银行开户，同时使用，却只向税务机关提供一个，将大量的实际收入隐瞒起来。如某企业在工商银行、建设银行各有一个账户，但只向税务机关登记了工商银行的账号,一年之内,在工商银行走账200万元、在建设银行走账150万元,可见其偷税比例之大。为了避免检查而露出破绽,他们在"小金库"走账时,既不留存根,也不留银行兑单,很难发现。

(四) 假借发票,偷漏税款

发票既是商品购买者的记账凭证,又是商品销售者的缴税依据,因而某些不法分子为了偷漏税款便在发票上动脑筋、做文章。常见手段包括:第一,最典型的就是"大头小尾"发票。按照正当手续,发票开出一式数联,其内容应当完全一致。一联交给顾客,一联留下作为存根备查,前者即所谓"头",后者即所谓"尾"。行为人只将发票联如实填写数额,却另将存根联少写,这就形成"大头小尾",当然以"小尾"作为纳税依据,行为人就可偷漏税款。更有甚者,将发票存根销毁或隐匿,危害更为严重。第二,涂改发票,从中渔利。第三,代开发票。这种做法目前十分严重。有些无照经营者,业务上需要使用发票,以吸收顾客,但又不能通过正当途径得到发票,于是就打通关节,找其他单位或个人代开发票。这样既可促进自己的销售,又可使"帮忙"者得到"手续费"等实惠,最后双方得利,国家受损。第四,使用外地发票。按照有关规定,企业在经营活动中必须使用当地的统一发票。一些单位或个人为了逃避税收,故意使用外地发票。这样对购买方来说影响不大,一样可作记账凭证,但对销售方来说却无从查其存根,从而给偷逃税款打开方便之门。第五,不开发票。有些购买者购物已用,有无发票无所谓,而销售者则利用此机售出物品而不开发票,隐瞒了真实的销售收入。更有甚者,推行"不要发票价格优惠"手法,引诱顾客不要发票。第六,买卖假发票。目前市场上充斥大量的伪造发票,以少量钱币就可以买到大量的空白发票,其上有伪造的税务监制章,使用者可随意填写,从而使假发票成为一些不法分子损公肥私的法宝。

(五) 销毁、隐匿账簿,瞒天过海

对于一些个体经营者或小型私营业主而言,因其经营规模不大,且又无过多的经济往来,因而有无账簿关系不大,只要自己心里明白就行了。即使设置账簿的,也不正规。为了使税务人员无法了解其经营情况,以失火、被盗、遗失、鼠咬等借口销毁或隐匿账簿。在这种情况下,纳税人就可任意申报其营业收入。

（六）多列支出，少列收入，以假乱真

此举主要是以一些虚假手段掩盖真实的收支情况，表现形式一般是：明销暗记；将产品直接作价冲抵债款后不记销售；已经销售而不开发货票或以白条抵库不记销售，已销商品不记销售长期挂在账户；擅自扩大材料成本减少销售收入；用罚款、滞纳金、违约金、赔偿金冲减销售收入；将展品或样品作价处理给职工不按销售记账；等等。

（七）虚假纳税申报

纳税申报是依法纳税的前提。纳税人必须在法定时间内办理纳税申报、报送纳税申报表、财务会计报表以及税务机关要求的其他纳税资料。行为人通过对生产规模、收入状况等内容作虚假申报来达到偷税目的。虚假申报的种类有如下几种：(1)虚报生产状况如亏盈等情况；(2)虚报生产规模；(3)虚报应税项目；(4)虚报真实收入；(5)虚报职工人数，等等。行为人有的经常采用一种，有的几种并用。如被告人王某经营标准件商店，经营范围也仅限于标准件，并以此进行了纳税申报。但王某发现经营有色金属赚钱后，未经工商、税务部门批准，又擅自经营铜丝，但仍以申报的标准件税目缴税，后被税务机关发现。税务人员检查时发现王某标准件的收入也不对，经核查查明王某通过不开发票的手法少报营业收入2万元。在此案中王某既虚报了应税项目，又虚报了应税数额。

（八）以种种借口骗取减免税

国家为了鼓励某种事业的发展或其他特定目的，常常为某种经营活动减税、免税、退税。如合资企业材料进口免征关税、对福利性企业减免产品税等。行为人为了偷税，常常在此处钻空子，"创造"减税、免税、退税的条件，实则挂羊头卖狗肉。现在骗取退税已成为一种独立的犯罪，骗取减税和免税仍属偷税罪的范围。常见的骗取减税、免税手法有伪装合资或合作企业、伪装安置残疾人的福利企业、伪装高新技术企业等。

三、律师提示

（一）偷税罪与非罪的界限

在实践中，是不是行为人一实施了偷税行为，就构成偷税罪呢？答案是否定的，根据我国刑法规定，只有行为人的偷税行为达到了刑法规定的标准，才能构成偷税罪，并处以刑罚，否则，只是一般的偷税违法行为，由相关行政部门进行行政处罚。所谓的"一般偷税违法行为"，是行为人违反税法规定的纳税义务，采取各种违法手段，以达到其不缴或少缴应纳税款的偷税目的的行为，它是构成偷税罪的前提；而偷税罪则是指违反税收法规，情节严重或数额较大，应受刑罚处罚的行为。显而易见，区分二者的关键在于是否达到"情节严重"的程度。目前，依据我国《刑法》第201条和最高人民法院《关于审理偷税抗税刑事案件具体应用法律若干问题的解释》的规定，只有行为人的行为符合以下两个标准之一的，才构成偷税罪：

其一，从偷税数额看，逃避缴纳税款数额较大并且占应纳税额10%以上的，对多次实施偷税行为，未经处理的，按照累计数额计算。这里的"偷税数额"，是指在确定的纳税期间，不缴或者少缴各税种税款的总额。偷税数额占应纳税额的百分比，是指一个纳税年度中的各税种偷税总额与该纳税年度应纳税总额的比例。不按纳税年度确定纳税期的其他纳税人，偷税数额占应纳税额的百分比，按照行为人最后一次偷税行为发生之日前一年中各税种偷税总额与该年纳税总额的比例确定。纳税义务存续期间不足一个纳税年度的，偷税数额占应纳税额的百分比，按照各税种偷税总额与实际发生纳税义务期间应当缴纳税款总额的比例确定。偷税行为跨越若干个纳税年度，只要其中一个纳税年度的偷税数额及百分比达到《刑法》第201条第1款规定的标准，即构成偷税罪。各纳税年度的偷税数额应当累计计算，偷税百分比应当按照最高的百分比确定。

凡偷税不足应纳税额10%的，或者偷税额数额不大（不足1万元）的都属于一般偷税违法行为；只有偷税额占应纳额10%以上且偷税数额较大的，才构成偷税罪。

其二，5年内因逃避缴纳税款受过刑事处罚或者被税务机关给予二次以上行政处罚。在5年内因偷税而被处一次行政处罚或虽经二次税务行政处罚但未再偷税的、二次处罚后又偷税漏税且偷税额在一万元以下的，是一般偷税违法行为。只有5年内因逃避缴纳税款受过刑事处罚或者被税务机关给予二次以上行政处罚的，才构成偷税罪。

这里需特别注意的是，如果行为人首次实施了偷税行为，经税务机关依法下达追缴通知后，补缴应纳税款，缴纳滞纳金，已受行政处罚的，可以不予追究刑事责任。

（二）如何区别漏税与偷税

尽管我国现行《税收征收管理法》中没有使用漏税的概念，但漏税作为一种现象它是客观存在的。1981年财政部在《关于印发"什么叫偷税、抗税、漏税和欠税"问题解答稿的通知》中，将漏税解释为"纳税单位和个人属于无意识而发生的漏缴或少缴税款的行为"。1986年国务院《税收征收管理暂行条例》第37条规定："漏税是指纳税人并非故意未缴或者少缴税款的行为。"因而，漏税，是指纳税人因过失或无意识而漏缴或少缴税款的行为；而偷税，是指纳税人故意逃避纳税的义务，非法地占有应缴纳税款的行为。可以说，判断行为人主观上是过失或无意识、还是故意，是区分漏税与偷税最关键的问题。

由于两种行为的主观目的不同，在客观上的表现也有所区别。漏税是行为人不熟悉税收法规和财务制度，致使账簿、记账凭证等记录不符合要求，从而错误地进行了纳税申报；而偷税是行为人故意采取伪造、变造、隐匿、擅自销毁账簿、记账凭证等手段，以达到不缴或少缴税款的非法目的。

在一定条件下，漏税行为可以转化为偷税。例如，漏税行为人被他人告知或自己发觉存在错漏申报纳税的情况，但行为人不仅不主动更正，反而采用欺瞒的手段继续不缴纳漏缴税款。这时，行为人的主观目的以及客观行为均发生了转化，符合偷税的行为要件。但是，反过来，偷税行为却不可转化为漏税行为。行为人在实施了偷税行为后，即便事后补缴了税款，也不能因此就不认定为偷税。例如，上述案例中，晓庆文化艺术有限责任公司虽在法院判决前补缴了全部偷税款，但仍被判处偷税罪。不过，法院鉴于此情节，对被告人予以酌情从轻处罚。

（三）偷税与欠税的区别

欠税是纳税人超过税法核定的缴纳期限，没有缴纳或没有缴足税款，导致税款没有及时入库形成拖欠的行为。欠税的特征是因故拖欠，即承认应税义务，但由于客观原因未能及时缴纳或缴足。因此，它与偷税也有明显区别。欠税具有以下特征：第一，欠税人在主观上只有推迟缴纳全部或部分税款的故意，没有不缴或少缴税款的故意；第二，欠税的行为是公开的，不是秘密的；第三，欠税是由于生产经营困难等客观原因造成的。欠税不是犯罪行为，但是，如果欠税理由已经消除，行为人仍然不缴纳税款，在税务部门实行追缴的情况下，采取转移或隐瞒财产的方法，逃避税款的，则构成逃避追缴欠税罪。

欠税与漏税也不同。欠税是由法律规定的"特殊困难"所引起，这种困难从欠税之日起，就处于一直公开的、待征收的状态；而漏税则是由人为的责任，如错用税目、税率等所引起，至发现时止，它一直处于秘密的未被发觉、不被征收的状态。在法律后果上，欠税逾期不缴的，将承担加收滞纳金的后果，漏税则无此责任。

（四）避税与偷税的界限

避税，是指纳税人利用税法的漏洞、盲点，不缴或少缴税款的行为。避税的存在，是现有税法的不完善、税制的不健全而导致的。虽然避税的目的违背了立法的精神，但由于它使用的方法不是法律所禁止的，因此，避税不是违法行为，但却是不合法行为，是法律不鼓励的行为。而偷税是法律明确禁止的行为。

尽管税务机关对纳税人"打擦边球"的做法持反对的态度，但实践中也只能采取补救措施，而无法对纳税人进行任何处罚，更不能动用刑罚。避税，从某种意义上来说，是"法无明文禁止即为允许"的体现。

（五）偷税罪的量刑

根据《刑法》第201条规定，偷税罪的量刑起点为3年以下有期徒刑或者拘役，并处罚金；偷税数额占应纳税额的30%以上并且偷税数额巨大（10万元以上的），处3年以上7年以下有期徒刑，并处罚金。对于多次偷税，未经处理的，按照累计数额计算。

根据《刑法》第211条规定，单位犯偷税罪的，对单位判处罚金，并对其直接负责的主管人员和其他直接责任人员，依照《刑法》第201条规定处罚。

❖ 关联法律规定 ❖

《刑法》第二百零一条　【偷税罪】纳税人采取欺骗、隐瞒手段进行虚假纳税申报或者不申报，逃避缴纳税款数额较大并且占应纳税额百分之十以上的，处三年以下有期徒刑或者拘役，并处罚金；数额巨大并且占应纳税额百分之三十以上的，处三年以上七年以下有期徒刑，并处罚金。

扣缴义务人采取前款所列手段，不缴或者少缴已扣、已收税款，数额较大的，依照前款的规定处罚。

对多次实施前两款行为，未经处理的，按照累计数额计算。

有第一款行为，经税务机关依法下达追缴通知后，补缴应纳税款，缴纳滞纳金，已受行政处罚的，不予追究刑事责任；但是，五年内因逃避缴纳税款受过刑事处罚或者被税务机关给予二次以上行政处罚的除外。

第二百零四条　以假报出口或者其他欺骗手段，骗取国家出口退税款，数额较大的，处五年以下有期徒刑或者拘役，并处骗取税款一倍以上五倍以下罚金；数额巨大或者有其他严重情节的，处五年以上十年以下有期徒刑，并处骗取税款一倍以上五倍以下罚金；数额特别巨大或者有其他特别严重情节的，处十年以上有期徒刑或者无期徒刑，并处骗取税款一倍以上五倍以下罚金或者没收财产。

纳税人缴纳税款后，采取前款规定的欺骗方法，骗取所缴纳的税款的，依照本法第二百零一条的规定定罪处罚，骗取税款超过所缴纳的税款部分，依照前款的规定处罚。

第二百一十一条 单位犯本节第二百零一条、第二百零三条、第二百零四条、第二百零七条、第二百零八条、第二百零九条规定之罪的，对单位判处罚金，并对其直接负责的主管人员和其他直接责任人员，依照各该条的规定处罚。

第二百一十二条 犯本节第二百零一条至第二百零五条规定之罪，被判处罚金、没收财产的，在执行前，应当先由税务机关追缴税款和所骗取的出口退税款。

最高人民检察院、公安部《关于经济犯罪案件追诉标准的规定》（2001年4月18日实施）

四十九、偷税案

纳税人进行偷税活动，涉嫌下列情形之一的，应予追诉：

1. 偷税数额在一万元以上，并且偷税数额占各税种应纳税总额的百分之十以上的；

2. 虽未达到上述数额标准，但因偷税受过行政处罚二次以上，又偷税的。

最高人民法院《关于审理偷税抗税刑事案件具体应用法律若干问题的解释》（2002年11月7日实施）

第一条 纳税人实施下列行为之一，不缴或者少缴应纳税款，偷税数额占应纳税额的百分之十以上且偷税数额在一万元以上的，依照刑法第二百零一条第一款的规定定罪处罚：

（一）伪造、变造、隐匿、擅自销毁账簿、记账凭证；

（二）在账簿上多列支出或者不列、少列收入；

（三）经税务机关通知申报而拒不申报纳税；

（四）进行虚假纳税申报；

（五）缴纳税款后，以假报出口或者其他欺骗手段，骗取所缴纳的税款。

扣缴义务人实施前款行为之一，不缴或者少缴已扣、已收税款，数额在一万元以上且占应缴税额百分之十以上的，依照刑法第二百零一条第一款的规定定罪处罚。扣缴义务人书面承诺代纳税人支付税款的，应当认定扣缴义务人"已扣、已收税款"。

实施本条第一款、第二款规定的行为，偷税数额在五万元以下，纳税人或者扣缴义务人在公安机关立案侦查以前已经足额补缴应纳税款和滞纳金，犯罪情节轻微，不需要判处刑罚的，可以免予刑事处罚。

第二条 纳税人伪造、变造、隐匿、擅自销毁用于记账的发票等原始凭证的行为，应当认定为刑法第二百零一条第一款规定的伪造、变造、隐匿、擅自销毁记账凭证的行为。

具有下列情形之一的，应当认定为刑法第二百零一条第一款规定的"经税务机关通知申报"：

（一）纳税人、扣缴义务人已经依法办理税务登记或者扣缴税款登记的；

（二）依法不需要办理税务登记的纳税人，经税务机关依法书面通知其申报的；

（三）尚未依法办理税务登记、扣缴税款登记的纳税人、扣缴义务人，经税务机关依法书面通知其申报的。

刑法第二百零一条第一款规定的"虚假的纳税申报"，是指纳税人或者扣缴义务人向税务机关报送虚假的纳税申报表、财务报表、代扣代缴、代收代缴税款报告表或者其他纳税申报资料，如提供虚假申请，编造减税、免税、抵税、先征收后退还税款等虚假资料等。

刑法第二百零一条第三款规定的"未经处理"，是指纳税人或者扣缴义务人在五年内多次实施偷税行为，但每次偷税数额均未达到刑法第二百零一条规定的构成犯罪的数额标准，且未受行政处罚的情形。

纳税人、扣缴义务人因同一偷税犯罪行为受到行政处罚，又被移送起诉的，人民法院应当依法受理。依法定罪并判处罚金的，行政罚款折抵罚金。

第三条 偷税数额，是指在确定的纳税期间，不缴或者少缴各税种税款的总额。

偷税数额占应纳税额的百分比，是指一个纳税年度中的各税种偷税总额与该纳税年度应纳税总额的比例。不按纳税年度确定纳税期的其他纳税人，偷税数额占应纳税额的百分比，按照行为人最后一次偷税行为发生之日前一年中各税种偷税总额与该年纳税总额的比例确定。纳税义务存续期间不足一个纳税年度的，偷税数额占应纳税额的百分比，按照各税种偷税总额与实际发生纳税义务期间应当缴纳税款总额的比例确定。

偷税行为跨越若干个纳税年度，只要其中一个纳税年度的偷税数额及百分比达到刑法第二百零一条第一款规定的标准，即构成偷税罪。各纳税年度的偷税数额应当累计计算，偷税百分比应当按照最高的百分比确定。

第四条 两年内因偷税受过二次行政处罚，又偷税且数额在一万元以上的，应当以偷税罪定罪处罚。

公安部《关于无证经营的行为人能否成为偷税罪主体问题的批复》（2002年1月22日）

根据《中华人民共和国税收征管法》第四条、第二十五条的规定，未取得营业执照从事经营的单位和个人是纳税人，可以构成偷税罪的犯罪主体。其行为触犯《刑法》第二百零一条规定的，公安机关应当以偷税罪立案侦查，依法追究其刑事责任。

公安部《关于如何理解刑法第二百零一条规定的"应纳税额"问题的批复》（1999年11月23日）

《刑法》第二百零一条规定的"应纳税额"是指某一法定纳税期限或者税务机关依法核定的纳税期间内应纳税额的总和。偷税行为涉及两个以上税种的，只要其中一个税种的偷税数额、比例达到法定标准的，即构成偷税罪，其他税种的偷税数额累计计算。

第十讲 走私普通货物、物品罪

走私行为直接影响国家税收，严重损害国家利益，走私犯罪一直是刑法严厉打击的重点之一，据有关统计，海关缉私机关侦办的走私案件中，90%以上的案件为走私普通货物、物品，尤其是成品油、纺织原料、化工原料等生产性原料商品的走私更为突出。因而，民营企业充分了解走私普通货物、物品罪，有利于在日常生产经营活动中合理地防范刑法风险。

【白秀华走私案】 白秀华，作为新加坡华洋投资私人有限公司驻海南办事处首席代表，为谋"拓展"在海南的贸易事业，分别于1998年、2000年注册成立了两家公司：华和信公司和洋浦佳华公司。一年之后，洋浦海宏公司相继成立。

2000年，白秀华利用海南八所口岸对越边贸可享受减半征税的优惠政策，将华洋公司向新加坡郭氏兄弟粮油食品有限公司订购的原产于马来西亚的混合植物油运到八所口岸以边贸形式走私入境，在国内销售牟利。从2000年8月到2002年1月，白秀华等人采用私刻印章、制作假合同、假发票、假原产地证书、假离港证以及在越南购买原产地标识等手段伪报贸易性质，欺骗海关，把实际来源于马来西亚的48503.747吨植物油通过东方边贸公司在八所口岸以边贸的形式走私进口，涉案案值153122321.28元人民币，涉嫌偷逃应缴税款35296133.61元人民币。2002年2月，白秀华找到儋州边贸公司总经理黄某，与黄某商谈委托其公司在洋浦口岸以边贸形式代理报关进口混合植物油。自2002年2月至3月，白秀华以洋浦佳华公司的名义，采用在越南购买原产地证书、伪造虚假外贸合同、提供虚假发票的方式，将原产于马来西亚的10179.172吨混合植物油，通过儋州边贸公司在洋浦口岸，以边贸形式走私进口。涉案案值人民币37424888.65元，涉嫌偷逃税款人民币7806023.30元。

2008年，海口市中级人民法院一审认定被告人白秀华犯走私普通货物罪，判处有期徒刑10年；被告单位海南华和信贸易有限公司等三家公司，犯走私普通货物罪，判处罚金17944429元。①

一、什么是走私普通货物、物品罪

根据《刑法》第153条规定，走私普通货物、物品罪是指违反海关法规，逃避海关监管，运输、携带、邮寄普通货物、物品进出国（边）境，偷逃应缴税额较大的行为。

普通货物、物品是本罪的犯罪对象。这里的普通货物、物品是指除刑法规定的武器、弹药、核材料、假币、文物、贵重金属、珍贵动物及其制品、珍稀植物及其制品、淫秽物品、固体废物、液态废物、气态废物以外的其他普通货物、物品。根据国家是否禁止、限制的不同，又可以分为3种情况：其一，国家禁止进出口的货物、物品，主要有：对国家政治、经济、文化、道德有害或内容涉及国家秘密的印刷品、手稿、图片、胶卷、音像制品、软件等物品；烈

---

① 参见《新加坡籍女商人白秀华海南走私一审获刑十年》，载http://www.dsb.gd.gov.cn/ruizheng/Article/ShowArticle.asp? ArticleID=9177。

性毒药、带有危险性病菌、害虫及其他有害生物的动植物及其制品；有碍人畜健康，来自疫区或者其他能传播疾病的仪器、药品等；按规定允许携带除外的人民币；濒危和珍贵植物（含标本）及种子和繁殖材料；侵犯知识产权的货物、物品；国家禁止进出口的一般性动物及其产品；等等。其二，国家限制进出口的货物、物品，即国家对其进出口实行配额或者许可证管理的货物、物品，如烟、酒、汽车、摩托车、电视机、电冰箱、计算器、个人电脑、外币及有价证券、通信保密机、无线电收发报机、贵重中药材及其成药等。其三，国家不禁止、不限制进出口但应缴纳关税的货物、物品，如服装、精矿、海蜇、淡水鱼、虾、土特产品等出口物品；陶瓷、塑料、化妆品、玻璃制品、造纸原料等进口物品。

这里要注意的是，《刑法》第151条和第152条、第347条规定了走私特定物品的犯罪，如走私武器、弹药、核材料或者伪造的货币、走私国家禁止进出口的文物、走私国家禁止进出口的珍贵动物及其制品等，因此，只有走私上述特定物品以外的普通货物、物品的，才能构成本罪，否则就只能适用走私特定物品的犯罪条款。

构成本罪的主体既可以是个人，也可以是单位。那么公司、企业等单位在什么条件下能构成本罪呢？根据2002年最高人民法院、最高人民检察院、海关总署《关于办理走私刑事案件适用法律若干问题的意见》第18条的规定，同时具备下列特征的可以认定为单位走私犯罪：(1)以单位的名义实施走私犯罪的；(2)由单位集体讨论决定，或者由单位的主要负责人或者其授权的直接负责的主管人员决定的；(3)为单位谋取非法利益的。根据上述规定，下列走私行为不应视为单位犯罪：(1)以单位名义走私，非法所得归个人所有的；(2)私营、外资企业进行走私，非法所得归个人所有的；(3)以走私为目的而非法设立的组织，或未经工商部门批准，擅自成立的公司、中心，或以虚假合资的方式注册登记的合资公司，以单位名义进行走私，共同分取违法所得的。

上述案例中，被告单位海南华和信公司、洋浦佳华公司及洋浦海宏公司、被告人白秀华等人，以谋利为目的，利用海南对越小额贸易享受半税的优惠政策，采取虚构贸易背景，伪造和利用伪造的货物原产地证等不法手段，走私普通货物混合植物油，偷逃应缴税款巨大。其行为均已构成走私普通货物罪，应受到法律的严惩。

二、走私普通货物、物品罪的行为方式

在走私和反走私的斗争中，走私分子的走私手法不断翻新，特别是我国加

入 WTO 以后，走私出现了许多新情况、新手法，根据我国刑法规定，构成走私普通货物、物品罪的行为主要包括以下三种：

（一）直接走私行为

直接走私行为，是指在通关这一环节即采用非法手段以偷逃关税的行为。直接走私行为可分为绕关走私行为与瞒关走私行为两种情况：

1. 绕关走私行为，是指未经国务院或者国务院授权的机关批准，从未设立海关的地点运输、携带国家禁止进出境的物品、国家限制进出口或者依法应当缴纳关税的货物、物品进出境的行为。

◈关联案例◈2006 年 9 月 18 日，深圳海关缉私人员在沙头角 18 小区一公司的单身公寓地下发现了一条自挖的地道与贯通深港的下水道相连。这条在路面以下 3 米、长约 40 米的地道，出口直通到深圳与香港之间的界河边，为方便滑轮车行进，地道内已铺设木板。缉私人员在现场查扣涉嫌走私 IC 芯片 12 万个、摩托罗拉手机 338 部、诺基亚手机 465 部，案值 156.57 万元，偷逃税额 27.29 万元。

2. 瞒关走私行为，又称通关走私行为，是指经过设立海关的地点，但采用伪报、瞒报、伪装、藏匿等欺骗手段，瞒过海关的监督、检查，运输、携带、邮寄国家禁止、限制进出境或者依法应当缴纳税款的货物、物品进出境的行为。司法实践中，瞒关走私是比较常见的走私行为，具体包括以下几种行为类型：

第一，伪报。伪报是指在报关时对进出口货物的品名、数量、价格、原产地国别、贸易性质等进行虚假申报。

◈关联案例◈2000 年 12 月至 2001 年 11 月，柯某某、刘某某先后以公司的名义向香港多家公司联系订购或者以"包柜"的形式代理进口日本、中国台湾等地生产的氨纶丝，并约定在香港交货。待货物运抵香港后，柯某某指使公司职员将货物运输托运单上的货物品名由"氨纶丝"更改为"橡胶丝"，货物单价由 4.5 美元~10.3 美元/千克更改为 0.865 美元~0.95 美元/千克，用虚假资料报关。海关关税部门核定，两人共计偷逃税款 21349714.64 元。广东省高级人民法院终审认定柯某某犯走私普通货物罪，判处死刑，缓期 2 年执行。

第二，瞒报。瞒报是指以实际申报的货物来掩藏要走私进口的货物，如走私进口汽车，却申报为其他低税率货物，并在集装箱内的外层装载少量上述货物作为伪装，企图蒙混过关。瞒报的常见手法有两种：实箱报成空箱；瞒报价格。

第三，伪装。伪装是指将走私物品改制变形或者掩护包装，以伪装后的物品外观形态向海关申报，企图蒙蔽海关而进境。

第四，藏匿。藏匿是指经过设关地点时，为逃避海关监管，利用人体或者运输工具的自然形态，通过夹藏、改制结构等方法走私货物、物品，如将货物、物品藏入汽车轮胎之内；利用人体外部和服饰隐藏或绑扎物品的方法隐藏走私的货物、物品；用特制的工具藏匿走私的货物、物品等。

❖关联案例❖2004年3月8日，深圳海关查获犯罪嫌疑人张某利用一港牌丰田面包车藏匿走私案。张某在该车的两上尾灯内、车中座位右边烟灰盅位置、车右座的空调出口、车后座的烟灰盅左侧、车顶部灯旁、驾驶室与后座的空调位置等6个部位均特制夹层，内藏4865条手提电脑内存，747部手机和电池等6000多个物件，偷逃税51.7万元。

第五，闯关走私。闯关走私是指行为人既不向海关申报又未藏匿应申报货物或物品，利用海关监管空隙或漏洞乘机携运进出境，如在比较繁忙的进出境地点，利用海关工作人员的疏漏，将走私的货物、物品放到运输工具上，偷运出境等。

另外，还有一种俗称"三包走私"的瞒关走私行为，即中介单位以替货主"包证"（许可证）、"保税"（较低的关税）、"包核销"（出口核销）的方式，为货主办理申报进口手续，货主支付应缴进口环节税和中介费用。这些中介单位为了多获利润，会采用高进低报、多进少报、真货伪报等手法偷逃关税。其结果是客户省了钱，代理公司赚了钱，而国家却因关税流失而赔了钱。

（二）后续走私行为

后续走私行为，也称变相走私行为，是指在海关后续管理中，未经海关许可并补缴关税，擅自在境内销售保税货物或特定减税免税货物进行牟利的行为。后续走私是海关为适应新的贸易方式，监管由口岸向内陆延伸，在其后续监管中出现的逃避海关监管的行为。根据《刑法》第154条第1~2项的规定，后续走私行为也可分为两种情况：

第一，未经海关许可并补缴应缴税款，擅自将批准进口的来料加工、来件装配、补偿贸易的原材料、零件、制成品、设备等保税货物，在境内销售牟利的行为。

❖关联案例❖1994年7月，范一成代表辽铁集团所属亚铁公司与澳大利亚BHP公司下属公司签订了6年"易货"合同。合同规定：由澳方通过其代表公司亚洲矿业公司每年向辽铁集团下属亚铁公司提供锰矿原料，由亚铁公司加工成锰系合金产品，以"超出实际生产单耗"的比例出口给BHP公司，

BHP公司则把"超出生产单耗"结余下的成品留给亚铁公司顶替加工费（注：单耗是指加工贸易企业在正常生产条件下加工生产单位出口成品所耗用的进口保税料件的数量）。然而海关不允许企业"超出实际生产单耗"来办理加工贸易手册。于是，范一成以"实际生产单耗"与BHP公司的代理公司签订合同，办理了来料加工贸易手册。而"实际生产单耗"远低于上述"易货"合同中规定的单耗比例。例如，按实际生产单耗比例为2.5∶1计算，消耗2.5吨矿石生产1吨铁合金产品，而范一成与BHP公司签订"易货"合同中的单耗比例却高达到4.5∶1以上。这中间产生了巨大的进口矿料差量。范一成正是以这种方法，不花一分钱就得到了大量矿石原料。然而，亚铁公司将这部分原料产出的成品，也即BHP公司以此顶付亚铁公司加工费的部分成品，拿来在境内销售获利，并且没有按海关规定办理加工手册核销手续及向海关补缴税款。辽铁集团在随后的6年间，在国内销售成品价值1亿余元，偷逃应缴税款1344万元。2003年3月11日，辽阳市中级人民法院以走私普通货物罪、履行合同失职被骗罪并罚，判处范一成有期徒刑13年。①

第二，未经海关许可并且未补缴应缴税额，擅自将特定减税、免税进口的货物、物品，在境内销售牟利的。

◈关联案例◈蒋某利用外资企业的优惠政策，从国外免税进口了6台旧挖掘机，未经海关许可且未补缴税款，将6台旧挖掘机在境内销售，偷逃税款20多万元，被法院以走私普通货物罪定罪并处以刑罚。

（三）准走私行为

准走私行为，亦称间接走私行为，指不直接进出国（边）境，但刑法明文规定以走私罪论处的行为。现行《刑法》第155条规定了两种准走私行为：

1. 贩私行为，即明知对方是走私分子，仍直接向其收购走私货物、物品，数额较大的。

2. 推定走私行为，即在内海、领海、界河、界湖运输、收购、贩卖国家禁止进出口物品的，或者运输、收购、贩卖国家限制进出口货物、物品，数额较大，没有合法证明的。

此外需特别注意的是，《刑法》第156条明确规定，与走私罪犯通谋，为其提供贷款、资金、账号、发票、证明，或者为其提供运输、保管、邮寄或者其他方便的，以走私罪的共犯论处。在走私普通货物、物品的共同犯罪中，有

---

① 参见《范一成等人因履行合同失职罪等罪被判刑》，载新华网2003年3月12日，http://news.xinhuanet.com/newscenter/2003-03/12/content_774262.htm。

的企业或个人为了牟取私利，利用自身条件为走私分子提供运输、保管等便利，在明知自己的这种行为是在帮助走私违法犯罪的情况下，仍放任这种危害结果发生，这种行为在刑法上界定为走私帮助犯，亦构成走私普通货物、物品罪。

三、律师提示

（一）走私普通货物、物品罪与非罪的界限

根据《刑法》第153条的规定，走私普通货物、物品，必须偷逃"应缴税额较大"，才构成犯罪。因而，偷逃应缴税额，是认定走私普通货物、物品罪与非罪的法定标准。根据刑法的相关规定，构成走私普通货物、物品罪必须偷逃应缴税额达5万元以上，如偷逃应缴税额未达到前述法定标准的，即使存在违反海关法规，逃避海关监管的事实，也不能认定构成本罪，而只能以一般的违法走私行为，由相关行政部门予以行政处罚即可。这里的"偷逃应缴税额"是指进出口货物、物品应当缴纳的进出口关税和进口环节海关代征税的税额，对偷逃应缴税额的计算以海关出具的证明为准。偷逃应缴税额的证明也是认定涉税走私也就是走私普通货物、物品犯罪定罪量刑的主要依据。走私普通货物、物品所偷逃的应缴税额，应当以走私行为案发时所适用的税则、税率、汇率和海关审定的完税价格计算。

另外，最高人民法院、最高人民检察院、海关总署在《关于办理走私刑事案件适用法律若干问题的意见》中，对出售走私货物已缴纳的增值税应否从走私偷逃应缴税额中扣除的问题作出了明确规定：走私犯罪嫌疑人因出售走私货物而实际缴纳走私货物增值税的，在核定走私货物偷逃应缴税额时，不应将其已缴纳的增值税额从其偷逃应缴税额中扣除。

此外需特别注意的是，根据《刑法》第157条规定，如行为人在走私普通货物、物品时，采取武装掩护走私或以暴力、威胁方法抗拒缉私的，则可直接视为"情节严重"认定其构成走私普通货物、物品罪，而不论其偷逃应缴税额的大小。

（二）利用虚假合资公司进口减免税设备自用或移作他用，甚至就地倒卖的行为，是否构成本罪

利用虚假合资公司形式走私，是指利用国家给予合资公司的免征税款的优惠政策，采用虚报注册资本、提供虚假证明文件等形式，骗取注册成立合资公司，免税进口减免税设备、货物、物品，以达到偷逃税款的目的。依据刑法关

于走私普通货物、物品罪的规定，利用虚假合资公司进行走私的行为，构成本罪。例如某人民医院设立虚假合资公司，利用国家的优惠政策，免税进口了CT机多台，并用于经营。即使这种经营接受国内工商、税务机关的监管，也仍构成本罪。理由是：该人民医院利用虚假合资方式进口免税货物、物品是一种伪报行为，其伪报了贸易方式。行为人本来不该享受减免税的政策，其所需要的设备、货物、物品应当以一般贸易方式交税进口，但是由于行为人采用了虚假合资方式导致这种本该以一般贸易方式进口的设备、货物、物品免税进口了，偷逃了应缴税款，所以构成走私普通货物、物品犯罪，即使其没有将免税货物、物品移作他用或倒卖，也构成本罪。

（三）走私普通货物、物品罪的量刑

根据《刑法》第153条规定，犯本罪的，按其偷逃应缴税额的多少承担刑事责任：

1. 走私货物、物品偷逃应缴税额在50万元以上的，处10年以上有期徒刑或者无期徒刑，并处偷逃应缴税额1倍以上5倍以下罚金或者没收财产；情节特别严重的，处无期徒刑或者死刑，并处没收财产。

2. 走私货物、物品偷逃应缴税额在15万元以上不满50万元的，处3年以上10年以下有期徒刑，并处偷逃应缴税额1倍以上5倍以下罚金；情节特别严重的，处10年以上有期徒刑或者无期徒刑，并处偷逃应缴税额1倍以上5倍以下罚金或者没收财产。

3. 走私货物、物品偷逃应缴税额在5万元以上不满15万元的，处3年以下有期徒刑，并处偷逃应缴税额1倍以上5倍以下罚金。

4. 对多次走私未经处理的，按照累计走私货物、物品的偷逃应缴税额处罚。在累计应缴税额时，应根据各次走私的货物、物品的完税价格和走私行为发生时的税率分别计算然后相加。

5. 单位犯本罪的，判处罚金，并对直接负责的主管人员和其他直接责任人员，处3年以下有期徒刑或者拘役；情节严重的，处3年以上10年以下有期徒刑；情节特别严重的，处10年以上有期徒刑。

❖关联法律规定❖

《刑法》第一百五十三条 **【走私普通货物、物品罪】** 走私本法第一百五十一条、第一百五十二条、第三百四十七条规定以外的货物、物品的，根据情节轻重，分别依照下列规定处罚：

（一）走私货物、物品偷逃应缴税额在五十万元以上的，处十年以上有期徒刑或者无期徒刑,并处偷逃应缴税额一倍以上五倍以下罚金或者没收财产;情节特别严重的,依照本法第一百五十一条第四款的规定处罚。

(二)走私货物、物品偷逃应缴税额在十五万元以上不满五十万元的,处三年以上十年以下有期徒刑,并处偷逃应缴税额一倍以上五倍以下罚金;情节特别严重的,处十年以上有期徒刑或者无期徒刑,并处偷逃应缴税额一倍以上五倍以下罚金或者没收财产。

(三)走私货物、物品偷逃应缴税额在五万元以上不满十五万元的,处三年以下有期徒刑或者拘役,并处偷逃应缴税额一倍以上五倍以下罚金。

单位犯前款罪的,对单位判处罚金,并对其直接负责的主管人员和其他直接责任人员,处三年以下有期徒刑或者拘役;情节严重的,处三年以上十年以下有期徒刑;情节特别严重的,处十年以上有期徒刑。

对多次走私未经处理的,按照累计走私货物、物品的偷逃应缴税额处罚。

第一百五十四条 下列走私行为,根据本节规定构成犯罪的,依照本法第一百五十三条的规定定罪处罚:

(一)未经海关许可并且未补缴应缴税额,擅自将批准进口的来料加工、来件装配、补偿贸易的原材料、零件、制成品、设备等保税货物,在境内销售牟利的;

(二)未经海关许可并且未补缴应缴税额,擅自将特定减税、免税进口的货物、物品,在境内销售牟利的。

第一百五十五条 下列行为,以走私罪论处,依照本节的有关规定处罚:

(一)直接向走私人非法收购国家禁止进口物品的,或者直接向走私人非法收购走私进口的其他货物、物品,数额较大的;

(二)在内海、领海、界河、界湖运输、收购、贩卖国家禁止进出口物品的,或者运输、收购、贩卖国家限制进出口货物、物品,数额较大,没有合法证明的。

第一百五十六条 与走私罪犯通谋,为其提供贷款、资金、账号、发票、证明,或者为其提供运输、保管、邮寄或者其他方便的,以走私罪的共犯论处。

第一百五十七条 武装掩护走私的,依照本法第一百五十一条第一款、第四款的规定从重处罚。

以暴力、威胁方法抗拒缉私的,以走私罪和本法第二百七十七条规定的阻碍国家机关工作人员依法执行职务罪,依照数罪并罚的规定处罚。

最高人民法院《关于审理走私刑事案件具体应用法律若干问题的解释》
(2000年10月8日实施)

第一条 走私管制刀具、仿真枪支构成犯罪的,依照刑法第一百五十三条的规定定罪处罚。

第六条 刑法第一百五十三条规定的"应缴税额",是指进出口货物、物品应当缴纳的进出口关税和进口环节海关代征税的税额。

走私货物、物品所偷逃的应缴税额,应当以走私行为案发时所适用的税则、税率、汇率和海关审定的完税价格计算,并以海关出具的证明为准。

刑法第一百五十三条第三款规定的"对多次走私未经处理的",是指对多次走私未经行政处罚处理的。

第七条 刑法第一百五十四条规定的"保税货物",是指经海关批准,未办理纳税手续进境,在境内储存、加工、装配后应予复运出境的货物。保税货物包括通过加工贸易、补偿贸易等方式进口的货物,以及在保税仓库、保税工厂、保税区或者免税商店内等储存、加工、寄售的货物。

第十条 单位犯走私普通货物、物品罪以及走私国家限制进口的可用作原料的固体废物的,偷逃应缴税额在二十五万元以上不满七十五万元的,对单位判处罚金,并对其直接负责的主管人员和其他直接责任人员,处三年以下有期徒刑或者拘役;偷逃应缴税额在七十五万元以上不满二百五十万元的,属于情节严重,处三年以上十年以下有期徒刑;偷逃应缴税额在二百五十万元以上的,属于情节特别严重,处十年以上有期徒刑。

最高人民法院、最高人民检察院、海关总署《关于印发〈办理走私刑事案件适用法律若干问题的意见〉》(2002年7月8日)

十二、关于出售走私货物已缴纳的增值税应否从走私偷逃应缴税额中扣除的问题

走私犯罪嫌疑人为出售走私货物而开具增值税专用发票并缴纳增值税,是其走私行为既遂后在流通领域获违法所得的一种手段,属于非法开具增值税专用发票。对走私犯罪嫌疑人因出售走私货物而实际缴纳走私货物增值税的,在核定走私货物偷逃应缴税额时,不应当将其已缴纳的增值税额从其走私偷逃应缴税额中扣除。

十八、关于单位走私犯罪及其直接负责的主管人员和直接责任人员的认定问题

具备下列特征的,可以认定为单位走私犯罪:(1)以单位的名义实施走私犯罪,即由单位集体研究决定,或者由单位的负责人或者被授权的其他人员决定、同意;(2)为单位谋取不正当利益或者违法所得大部分归单位所有。

依照最高人民法院《关于审理单位犯罪案件具体应用法律有关问题的解释》第二条的规定,个人为进行违法犯罪活动而设立的公司、企业、事业单位实施犯罪的,或者个人设立公司、企业、事业单位后,以实施犯罪为主要活动的,不以单位犯罪论处。单位是否以实施犯罪为主要活动,应根据单位实施走私行为的次数、频度、持续时间、单位进行合法经营的状况等因素综合考虑认定。

根据单位人员在单位走私犯罪活动中所发挥的不同作用,对其直接负责的主

管人员和其他直接责任人员，可以确定为一人或者数人。对于受单位领导指派而积极参与实施走私犯罪行为的人员，如果其行为在走私犯罪的主要环节起重要作用的，可以认定为单位犯罪的直接责任人员。

第十一讲　生产、销售伪劣产品罪

　　随着改革开放的深入和商品经济的发展,各种生产、销售伪劣商品的违法犯罪案件日益增多起来。假烟、假酒、假药,甚至假猪肉、毒奶粉,关系基本国计民生的产品、食品质量安全问题令人堪忧。一些不良商家在金钱和暴利的诱惑下对人民群众的生活安危视而不见,降低产品质量,大搞恶性竞争,破坏市场秩序。这种严重危害消费者生命财产安全的行为,历来是我国刑法重点打击的对象。生产、销售伪劣产品罪也是民营企业在生产经营中面临的重大风险之一。

【广州"苏丹红"案】 广州田洋食品有限公司（以下简称田洋公司）和广州市食品研究所服务公司（以下简称服务公司）分别成立于1998年和1988年，是食品添加剂的生产、销售企业，谭伟棠担任两家公司的法定代表人、总经理；而冯永华自1999年起，担任两家公司的总经理助理。2002年3月，谭伟棠指使冯永华到广东华颜化工有限公司（以下简称华颜公司）购买化工色素油溶黄、油溶红，用于其调制食品添加剂"辣椒红一号"的配方；谭伟棠、冯永华明知化工色素油溶黄、油溶红不在国家规定的食品添加剂的目录之内，不能加入到食品添加剂中，在未经有关部门对油溶黄、油溶红进行安全检测和取得使用许可的情况下，为了使田洋公司生产的食品添加剂颜色更加鲜艳从而更加畅销，仍然决定在田洋公司生产"辣椒红一号"的过程中，按前述配方掺入油溶黄、油溶红；又在这种"辣椒红一号"的基础上，加入辣椒精、姜黄等成分生产出"辣椒红二号"、"饼四号"、"天然巧克力色素一号"等食品添加剂；在谭伟棠、冯永华决定和负责下，未取得卫生许可证的田洋公司大量生产前述"辣椒红一号"、"辣椒红二号"、"饼四号"、"天然巧克力色素一号"涉案产品，予以销售。经审查，2002年4月至2005年3月，田洋公司生产涉案的"辣椒红一号"、"辣椒红二号"、"天然巧克力色素一号"和"饼四号"食品添加剂共计243571.9公斤，田洋公司和服务公司销售上述产品的数量为239354.9公斤，销售金额共计人民币4449045.13元。2005年3月，广州市质量技术监督局缴获田洋公司、服务公司涉案的食品添加剂"辣椒红一号"8661公斤、"辣椒红二号"77公斤、"天然巧克力色素一号"351公斤、"饼四号"34公斤等物品，经检验鉴定，上述的"辣椒红一号"、"辣椒红二号"、"天然巧克力色素一号"、"饼四号"均属不合格产品。

2006年8月25日，广州市中级人民法院一审认定，被告人谭伟棠犯生产、销售伪劣产品罪，判处有期徒刑15年，并处罚金人民币230万元；被告人冯永华犯生产、销售伪劣产品罪，判处有期徒刑10年，并处罚金人民币100万元。2006年12月6日，广东省高级人民法院驳回该案两被告谭伟棠、冯永华的上诉，维持原判。①

一、什么是生产、销售伪劣产品罪

根据《刑法》第140条规定，生产、销售伪劣产品罪是指生产者、销售者故意在产品中掺杂、掺假，以假充真，以次充好或者以不合格产品冒充合格产品，销售金额在5万元以上的行为。

---

① 参见《广州苏丹红案终审宣判》，载《人民法院报》2006年12月7日第4版。

第十一讲 生产、销售伪劣产品罪

产品质量和市场秩序方面向来是国家经济监管的重中之重。国家在制定和执行各项打击假冒、伪劣商品的措施时从不手软。刑法更是将生产、销售伪劣产品行为上升为犯罪加以规制，以警示企业保证产品质量，维护良性市场竞争，切实保护广大用户、消费者的合法权益，维护正常的市场经济秩序。

构成本罪，要求行为人明知自己生产、销售的是伪劣产品，并明知该行为违反法律规定，而进行生产、销售，严重危害社会的。司法实践中，如何判定行为人认识到自己生产、销售的产品是伪劣产品，是认定本罪的关键。一般来讲，对于生产者来说，只要查明其生产的产品属于伪劣产品，就可推定其主观上具有生产伪劣产品的故意。因为对于生产厂家来说，其对自己生产的产品是非常了解的，并且厂家都有产品质量检验设备和相应的部门。当然，如果确实由于生产中的疏忽或质检部门的疏忽而致使生产出来的产品不合格，也就不能让生产者承担故意的责任，也不应追究其刑事责任。实践中，主要是对销售者的主观认识的判定存在困难。因为商品从生产到销售是一个跨越时空并可以分割开来的过程，单纯的销售者并没有亲自参与商品制造的过程，而是通过各种渠道从生产者或者其他销售者手中进货，他们之中虽不乏专发伪劣商品之财的不法之徒，但也确有一些人可能是因经验不足而上当受骗或可能因贪图紧俏与便宜而不辨真伪。

判定销售者是否认识到自己销售的产品是否伪劣产品，可从以下几个方面进行综合判断：（1）看产品是否变质、过期。如果产品变质，如发霉、长绿毛，或者产品过期，则可认为销售者主观上具有故意。因为这是个常识问题。（2）看产品有无质量合格标记、标签、包装说明书。一般来说，正规产品都具有这些，如果没有则可推测销售者能够认识到自己的产品是伪劣产品。（3）看进货渠道。如果销售者是从小作坊或地下工厂等非法生产者进货，就可推断销售者明知产品是伪劣产品。因为从生产者的生产条件和环境就可知道是非法生产，自然其生产的产品也是伪劣产品。另外，也可结合销售者的商业主体资格、年龄、职业、阅历等方面来综合判断。

伪劣产品是本罪的犯罪对象，如果生产、销售的不是伪劣产品，就不能构成本罪。所谓伪劣产品，是指违反国家关于产品质量的法律规定，质量低劣或者失去使用价值的产品。伪劣产品包括伪产品和劣产品。所谓伪产品，是以假产品冒充真产品。包括两种：一是伪造产品名称的伪产品，如用甲醇兑水冒充白酒的假酒；二是材料名称、产品所含成分名不副实的伪产品，如安徽省淮北市某食品厂生产的人参麦乳精实际没有人参，即生产假人参麦乳精；在制作蛋糕中不加入鸡蛋，成为无蛋蛋糕等。所谓劣产品，是指质量不符合相关标准的产品。具体来说，就是不符合国家标准或行业标准的产品；不具备基本使用性能的产品；产品成分含量与产品所采用的标准或产品说明不符的产品；在产品中掺杂、掺假的产品；以废、旧、弃的物品冒充未使用过的产品等等。归纳起来，根据《产品质量法》的规定，伪劣产品主要包括以下几类：第一，不符合保障人体健康，人身、财产安全的国家标准、行业标准的产品；第二，掺杂、掺假，以假充真，以次充好的产品；第三，不合格的产品；第四，失效、变质的产品。

上述案例中，被告人谭伟棠、冯永华作为田洋公司和服务公司直接负责的主管人员和直接责任人员，无视国家法律，在田洋公司和服务公司生产食品添加剂的过程中，决定并实施掺入化工色素油溶黄、油溶红的掺杂、掺假行为，生产并销售涉案的伪劣食品添加剂，销售金额达人民币400多万元，其行为均已构成生产、销售伪劣产品罪，应依法予以惩处。

二、生产、销售伪劣产品罪的行为方式

生产、销售伪劣产品，破坏了诚实信用、公平竞争的市场环境，严重损害了广大消费者的合法权益，使人民群众对相关产品丧失信心，这就直接危害了许多其他生产同类产品的企业的生存与发展，使其不仅在市场竞争中处于不利地位，还要积极采取措施排除外部危害以保证企业的产品信誉。因而，广大民营企业必须了解刑法规定的生产、销售伪劣产品犯罪的行为方式，以合理规避刑法风险，并运用刑法的手段，保护自己的合法权益。概括起来，生产、销售伪劣产品行为具有下列四种表现形式：

（一）掺杂、掺假

何谓"掺杂、掺假"？根据2001年最高人民法院、最高人民检察院《关于办理生产、销售伪劣商品刑事案件具体应用法律若干问题的解释》（以下简称《解释》）规定："在产品中掺杂、掺假"是指在产品中掺入杂质或异物，致使产品质量不符合国家法律、法规或产品明示质量标准规定的质量要求，降低、失去应有使用性能的行为。

所谓掺杂，是指在产品中掺入本产品一般情况下所含有的非本产品组成成分的物质。这个"杂"也就是我们常常讲的杂质；所谓掺假，是指在产品中掺入本产品一般情况下不含有的非本产品物质，即异物。二者的不同之处在于：（1）"杂"是原产品在一般情况下所含有的，而"假"却不是如此。如大米中含有沙砾、泥土等。（2）"杂"与原产品在外形、颜色上一般差别很大，较容易区分，而"假"却恰恰相反。生产、销售伪劣产品的犯罪分子正是利用了"杂"是原产品一般情况下所含有的、"假"与原产品在外观上相同

或相似的特点来欺骗消费者。例如，在大米中掺入了沙子，这就是掺杂的行为。如在上述案例中，两被告人在食品添加剂"辣椒红"中，添加颜色相似的化工色素油溶黄、油溶红，就是掺假行为。

需要注意的是，如果掺杂、掺假的行为，并未使产品降低、失去应有的使用性能，那也不能构成本罪。

（二）以假充真

根据《解释》规定，"以假充真"，是指以不具有某种性能的产品冒充具有该种使用性能的产品的行为，也就是以假的产品冒充真的产品，以此物冒充彼物。以假充真与掺假的区别在于：前者全部都是假的，而后者仅仅部分是假的。

❖**关联案例**❖2004年5月，黎伟文未经烟草专卖主管部门批准，委托陈志豪将佛山市三水金鲜皇冷冻有限公司内的一厂房作为制造假烟的工厂，全面负责工厂的生产和管理，并安排杨彦福、张得兴、张国真作为管理人员，吴允英负责财务，霍汉华负责进料出货。陈志豪先后招聘冉星成、雷加金、雷波、张景荣、陈涛、姚勇与其他20余名工人进场生产。截至7月22日，共生产双叶、红旗渠、北戴河、丛台、吉庆等多种品牌的假冒伪劣香烟152182.6公斤（假冒的同类香烟价值人民币4980121.35元），并全部运走销售。2004年7月23日下午，佛山市公安局三水分局根据群众举报，汇同上级公安机关和烟草专卖主管部门将该工厂查获，缴获模具18套，YJ14型卷烟机、YJ23型接咀机各2台（价值人民币880000元），烟丝、滤嘴棒等辅料（价值人民币68640.85元）及当天生产尚未运走的散装双叶牌香烟130箱、红旗渠牌香烟11箱、北戴河牌香烟47箱、丛台牌香烟68箱、吉庆牌香烟1箱（假冒的同类香烟价值人民币209988.52元）。经广东省烟草专卖局产品质量监督检验站鉴定，查获的香烟均是假冒伪劣香烟。2006年5月24日，佛山市中级人民法院终审认定被告人黎伟文、霍汉华生产、销售假冒伪劣香烟，销售金额共计人民币5964196.72元，其行为均已构成生产、销售伪劣产品罪，判处黎伟文有期徒刑15年，并处罚金人民币500万元；判处被告人霍汉华有期徒刑12年，并处罚金人民币300万元。①

---

① 参见《广东省佛山市中级人民法院刑事裁定书》，载佛山法院网，http://www.fszjfy.gov.cn/program/article.jsp？CID=354831435&ID=12120。

(三) 以次充好

根据《解释》的规定，以次充好，是指以低等级、低档次产品冒充高等级、高档次产品，或者以次、残次、废旧零件组合、拼装后冒充正品或者新产品。"好"与"次"是指同种产品不同质级而言的，好是相对次而言的。

◈**关联案例**◈陈某、石某、董某、付某分别从外地购买村民自种的烟叶或烟叶下脚料，生产加工烟丝，用于销售谋利。2008年4月至5月，该四起案件被新泰市烟草专卖局和新泰市公安局联合侦破，并分别从四人处查获烟丝1090千克、1290千克、1660千克、1580千克。以上烟丝经山东省烟草质量监督站检验鉴定为伪劣烟丝。上述以谋利为目的，以次充好，非法生产、销售伪劣烟丝的数量较大，其行为均构成非法生产、销售伪劣产品罪，新泰市人民法院经审理以生产、销售伪劣产品罪，分别判处四被告人拘役、有期徒刑等，并各处罚金5000元、1000元、3000元和5000元。①

(四) 以不合格产品冒充合格产品

根据"两高"的《解释》规定，"不合格产品"，是指不符合《产品质量法》第26条第2款规定的质量要求的产品。我国《产品质量法》第26条规定产品质量应当符合下列要求：（1）不存在危及人身、财产安全的不合理的危险，有保障人体健康，人身、财产安全的国家标准、行业标准的，应当符合该标准；（2）具备产品应当具备的使用性能，但是，对产品存在使用性能的瑕疵作出说明的除外；（3）符合在产品或者其包装上注明采用的产品标准，符合以产品说明、实物样品等方式表明的质量状况。而根据《标准化法》第6条的规定，标准可分国家标准、行业标准、地方标准和企业标准。若无上述标准则按照社会通行的标准来衡量。

因此，"以不合格产品冒充合格产品"，就是以同种但不符合特定要求和标准的产品冒充符合该特定要求和标准的同种产品。

◈**关联案例**◈自2005年起，张某伙同金某，为牟取非法利益，密谋购买工业盐充当食盐销售。2006年，张某、金某两人专程前往湖北省，结识了该省某化工企业的业务员陈某。双方就购买工业盐达成协议。2006年至2008年3月，两人先后多次从陈某处购买工业盐999吨；2008年4月至5月，两人从一化名"王义"的人手中购买工业盐110吨；2008年6月，两人与上海市某化工企业业

---

① 参见《四起生产销售伪劣烟丝案宣判》，载食品商务网2009年3月13日，http://www.21food.cn/html/news/26/441031.htm。

务员陈某建立了联系，购买工业盐 220 吨（经认定，张某参与 70 吨）。根据蚌埠市疾控中心对查获盐的检验报告单显示，这种盐不含碘。另据张某、金某二人交代，这 1000 多吨工业盐绝大多数被他们通过零售或批发的方式卖给了蚌埠市和宿州市的个体熟食摊点，每吨获利上百元。①

在本案中，张某、金某，用工业盐冒充食盐，以不格产品冒充合格产品，且获利数额巨大，依法已构成生产、销售伪劣产品罪。

三、律师提示

（一）生产、销售伪劣产品罪与非罪的界限

根据《刑法》第 140 条规定，行为人生产、销售伪劣产品的销售金额必须达到 5 万元以上，才构成犯罪。这里的销售金额，是指生产者、销售者出售伪劣产品所得和应得的全部违法收入。如果伪劣产品尚未销售，而货值达到《刑法》第 140 条规定的销售金额三倍以上的，以生产、销售伪劣产品罪（未遂）定罪处罚。另外，根据《解释》规定：多次实施生产、销售伪劣产品行为，未经处理的，伪劣产品的销售金额累计计算。因而，如果行为人生产、销售伪劣产品的销售金额没有达到 5 万元，则不构成本罪，应区别不同情况由工商部门吊销营业执照，或者由产品质量管理部门给予责令停止生产、销售，没收违法所得或者罚款等行政处罚。

（二）企业销售产品时，已明确告知消费者产品存在质量问题的，不构成本罪

在实践中，经常存在部分消费者以低价购买了一批商家的特价处理产品，当这种产品存在质量瑕疵等问题时，商家构不构成生产、销售伪劣产品罪呢？对于商家的这种行为是否构成犯罪，关键在于商家在销售这些有质量问题的产品时，有没有明确告知消费者产品已存在的质量问题。根据《产品质量法》第 26 条第 2 款的规定，产品质量应当符合的要求之一，就是具备产品应当具备的使用性能，但是，对产品存在使用性能的瑕疵作说明的除外。《工业产品质量责任条例》第 10 条也规定，达不到国家有关标准的，仍有使用价值的处理品，经主管部门审批后，可以明示处理品降价销售。因而，法律是允许销售者在明示产品瑕疵后进行销售的，这也符合充分利用资源、杜绝浪费的原则。

---

① 参见《工业盐当食盐 3 年卖出千吨　私盐贩子被判六年和五年》，载榆林盐业网 2009 年 3 月 12 日，http://www.ylyy.gov.cn/Html/hyxw/084016426.html。

如果商家销售质量瑕疵产品时,已明确告知了消费者产品存在质量问题的,则是合法行为,也就更谈不上构不构成犯罪的问题。反之,如果商家在销售时,没有明确告知,甚至刻意隐瞒、欺骗消费者的,如果销售金额达到构成本罪的标准,则应以生产、销售伪劣产品罪追究其刑事责任。

(三)生产、销售伪劣产品罪的量刑

《刑法》第140条规定,犯生产、销售伪劣产品罪,销售金额5万元以上不满20万元的,处2年以下有期徒刑或者拘役,并处或者单处销售金额50%以上2倍以下罚金;销售金额20万元以上不满50万元的,处2年以上7年以下有期徒刑,并处销售金额50%以上2倍以下罚金;销售金额50万元以上不满200万元的,处7年以上有期徒刑,并处销售金额50%以上2倍以下罚金;销售金额200万元以上的,处15年有期徒刑或者无期徒刑,并处销售金额50%以上2倍以下罚金或者没收财产。

《刑法》第150条规定,单位犯本罪的,对单位判处罚金,并对其直接负责的主管人员和其他直接责任人员,依照《刑法》第140条规定处罚。

此外,国家机关工作人员参与生产、销售伪劣商品犯罪的,从重处罚。

❖ 关联法律规定 ❖

《刑法》第一百四十条 **【生产、销售伪劣产品罪】**生产者、销售者在产品中掺杂、掺假,以假充真,以次充好或者以不合格产品冒充合格产品,销售金额五万元以上不满二十万元的,处二年以下有期徒刑或者拘役,并处或者单处销售金额百分之五十以上二倍以下罚金;销售金额二十万元以上不满五十万元的,处二年以上七年以下有期徒刑,并处销售金额百分之五十以上二倍以下罚金;销售金额五十万元以上不满二百万元的,处七年以上有期徒刑,并处销售金额百分之五十以上二倍以下罚金;销售金额二百万元以上的,处十五年有期徒刑或者无期徒刑,并处销售金额百分之五十以上二倍以下罚金或者没收财产。

第一百四十九条 生产、销售本节第一百四十一条至第一百四十八条所列产品,不构成各该条规定的犯罪,但是销售金额在五万元以上的,依照本节第一百四十条的规定定罪处罚。

生产、销售本节第一百四十一条至第一百四十八条所列产品,构成各该条规定的犯罪,同时又构成本节第一百四十条规定之罪的,依照处罚较重的规定定罪处罚。

第一百五十条 单位犯本节第一百四十条至第一百四十八条规定之罪的,对单位判处罚金,并对其直接负责的主管人员和其他直接责任人员,依照各该条的规定处罚。

最高人民法院、最高人民检察院《关于办理生产、销售伪劣商品刑事案件具体应用法律若干问题的解释》（2001年4月10日实施）

第一条 刑法第一百四十条规定的"在产品中掺杂、掺假",是指在产品中掺入杂质或者异物,致使产品质量不符合国家法律、法规或者产品明示质量标准规定的质量要求,降低、失去应有使用性能的行为。

刑法第一百四十条规定的"以假充真",是指以不具有某种使用性能的产品冒充具有该种使用性能的产品的行为。

刑法第一百四十条规定的"以次充好",是指以低等级、低档次产品冒充高等级、高档次产品,或者以残次、废旧零配件组合、拼装后冒充正品或者新产品的行为。

刑法第一百四十条规定的"不合格产品",是指不符合《中华人民共和国产品质量法》第二十六条第二款规定的质量要求的产品。

对本条规定的上述行为难以确定的,应当委托法律、行政法规规定的产品质量检验机构进行鉴定。

第二条 刑法第一百四十条、第一百四十九条规定的"销售金额",是指生产者、销售者出售伪劣产品后所得和应得的全部违法收入。

伪劣产品尚未销售,货值金额达到刑法第一百四十条规定的销售金额三倍以上的,以生产、销售伪劣产品罪（未遂）定罪处罚。

货值金额以违法生产、销售的伪劣产品的标价计算;没有标价的,按照同类合格产品的市场中间价格计算。货值金额难以确定的,按照国家计划委员会、最高人民法院、最高人民检察院、公安部1997年4月22日联合发布的《扣押、追缴、没收物品估价管理办法》的规定,委托指定的估价机构确定。

多次实施生产、销售伪劣产品行为,未经处理的,伪劣产品的销售金额或者货值金额累计计算。

第十二讲　非法经营罪

非法经营罪，是扰乱市场秩序类犯罪的兜底条款，也是破坏社会主义市场经济类犯罪的重中之重。对于以生产经营为本，以营利为目的的民营企业来说，更是容易踩踏的刑事犯罪雷区。所以了解、知悉非法经营罪的相关规定也是民营企业防范刑法风险的重点之一。

【北京市首例原始股非法经营案】 美中融投资顾问（北京）有限公司（以下简称美中融公司）于2005年11月在北京注册成立，在董事长王永伟的联系、策划、组织下，美中融公司在未经国家证券监管部门批准的情况下，非法经营证券业务，代理转让西安金园汽车产业发展股份有限公司（以下简称金园公司）未上市的股权。在此期间，总经理侯艳梅具体负责、操作金园公司股权的代理转让工作，公开面向社会招聘员工，集中对应聘人员进行虚假宣传，对员工分级管理，以"倒金字塔"模式进行利益分配，诱使应聘人员购买并向亲友积极推销金园公司股权。截至案发，美中融公司已面向其公司内部员工及亲友，以每股人民币4元左右的价格，向282人介绍转让股权300余万股，金额共计1400余万元。

2008年，北京市西城区人民法院一审认定，美中融公司未经证券监管部门批准，非法经营证券业务的行为，已构成非法经营罪，判处罚金1400万元；王永伟、侯艳梅二人作为直接负责的主管人员和直接责任人员，具体组织、策划、实施非法经营证券活动，也已构成非法经营罪，判处二人有期徒刑6年，并处罚金40万元。①

一、什么是非法经营罪

根据《刑法》第225条的规定，非法经营罪是指违反国家规定，实施国家垄断、限制或者禁止经营的活动，扰乱市场秩序，情节严重的行为。

非法经营罪是1997年《刑法》修订时在取消投机倒把罪的基础上增设的，其本质在于处罚严重扰乱市场秩序的非法经营活动。

上述案例中，法院认定美中融公司及王永伟等人构成非法经营罪，其主要理由在于，我国对于未上市公司的股权虽然是允许转让，但法律规定必须在依法设立的股权交易机构按照相关的法律规定进行交易。目前，国家对从事证券中介业务采取的是准入制，即如果要从事非上市公司股权交易中介业务，必须得到证监会的批准，美中融公司及王永伟等人从事非上市公司股权交易中介业务未得到证监会批准，属于非法经营证券业务，因此认定构成非法经营罪。

二、非法经营罪的行为方式

在市场经济中，企业或个人为了追逐利益最大化，生产经营方式日益呈现多样化，并不断变化丰富。因而，全面了解非法经营罪的行为方式，对于民营

---

① 参见《京城首例原始股传销案一审判决　主犯获刑6年》，载 http://finance.sina.com.cn/stock/t/20081111/06025490719.shtml。

企业合法经营，规避刑法风险具有重要意义。根据我国刑法的相关规定，非法经营罪主要包括以下几种行为方式：

（一）未经许可经营法律、行政法规规定的专营、专卖物品或者其他限制买卖的物品

未经许可经营上述物资或物品，是指没有经过主管机关的批准取得经营许可证和相关批准文件，擅自收购或经销这些物资或物品。所谓"专营"，是指对某些重要的商品由物资部门或者有条件的商业部门统一经销的经营方式，是对商品的一种垄断的经营方式。所谓"专卖"，是指对重要商品的生产、经营以及生产所需要的原材料、机械设备供应等实施统一管理的生产经营方式。专营与专卖都是由国家指定的部门对商品的生产经营实行垄断的经营方式。在我国，专营、专卖物资主要包括烟草、食盐、金银以及其他贵重金属等。国家法律、行政法规规定其他限制买卖的物品，是指国家法律、法规限制自由流通的重要生产资料、紧俏生活用品等物品，主要有化肥、农药、种子、特种钢材等重要生产资料。

◈**关联案例**◈黄某、苗某系一对夫妻，二人在无烟草经营许可证的情况下，由黄某与巨野县的李某联系协商后，从李某处购买烟丝予以销售。2008年9月27日晚，李某给黄某夫妻二人送来烟丝15000公斤，苗某付给李某货款2万元。黄某、苗某在邀集亲朋转运过程中被抓获，烟丝被扣押。经烟草专卖局检验该烟丝为烤烟烟丝，物价鉴定扣押的15000公斤烟丝价值为75000元。邹城法院审理后认为，被告人黄某、苗某未经烟草专卖行政主管部门许可，以营利为目的，非法买卖烟草专卖品，其行为已构成非法经营罪，判处黄某有期徒刑6个月，并处罚金5.5万元；判处苗某拘役3个月，缓刑6个月，并处罚金5.5万元。①

（二）买卖进出口许可证、进出口原产地证明以及其他法律、行政法规规定的经营许可证或者批准文件

进出口许可证，是指国家对限制进口或出口货物实施贸易管制而签发的允许进口或出口的许可证和其他批准文件。进出口原产地证明，主要是指用以证明进出口货物、技术的原产地或制造地的有效证明，是进口国海关计征税率的依据，是进出口国家和地区根据原产地的不同，征收差别关税和实行其他进出

---

① 参见《两口子非法买卖烟丝15吨》，载 http://news.sina.com.cn/c/2009-03-11/071815290393s.shtml。

口差别待遇的证明。其他法律、行政法规规定的经营许可证或者批准文件，是指国家有关主管机关批准经营前述的专营、专卖物品或者其他限制买卖物品的证明文件，批准经营某些特定行业或特定商品颁发的许可证和批准文件等。包括药品经营企业许可证，种子经营许可证，采伐、狩猎许可证，烟草、食盐、民用爆炸物品、重要农用生产资料经营许可证，个体采矿许可证等。

（三）未经国家有关主管部门批准，非法经营证券、期货、保险业务，或者非法从事资金支付结算业务

本项主要是针对发生在证券、期货或保险和资金支付结算业务领域的非法经营行为而设置。实践中，有的单位或个人没有经国家主管部门批准，暗地里从事证券、期货的经纪业务，保险和资金支付结算业务，严重扰乱证券、期货、保险和资金支付结算业务市场的正常秩序，损害广大投资者、股东及投保人的利益。特别是近年来，一些"地下钱庄"以典当行、担保公司、理财咨询公司等名义进行非法经营活动，严重扰乱了市场秩序，给社会治安带来隐患。因而，刑法在非法经营罪的规定中明确列举，不仅非法经营证券、期货、保险业务的"地下钱庄"行为应受惩处，而且逃避金融监管，非法为他人办理大额资金转移等资金支付结算业务的行为，也应依法严惩。

（四）其他严重扰乱市场秩序的非法经营行为

这是对非法经营行为的一概括性规定，是为弥补上述三项对非法经营行为的列举之疏漏而设，主要是指前三类非法经营行为以外的严重扰乱市场秩序的非法经营行为。随着现实的社会经济和政治形势的变化，国家对经营活动的管理体现在各行各业，刑法无法完整地列举出非法经营活动的行为方式，就采用了这一概括性规定，对于其他非法经营行为具体类型，则多散见于立法、司法解释、决定、批复等法律文件中，归纳起来主要包括如下9类：

1. 在国家规定的交易场所以外非法买卖外汇的行为

1998年12月29日，第九届全国人大常委会第6次会议通过的《关于惩治骗购外汇、逃汇和非法买卖外汇犯罪的决定》第4条规定：在国家规定的交易场所以外非法买卖外汇，扰乱市场秩序，情节严重的，按非法经营罪定罪处罚。

2. 单位骗购外汇行为以及居间骗购外汇行为

根据最高人民法院《关于审理骗购外汇、非法买卖外汇刑事案件具体应用法律若干问题的解释》（自1998年9月1日起施行）第4条规定：居间介绍骗购外汇的，单位违反规定非法为他人向外汇指定银行骗购外汇的，按非法经营罪定罪处罚。

3. 出版其他严重危害社会秩序和扰乱市场秩序的出版物的行为

根据最高人民法院《关于审理非法出版物刑事案件具体应用法律若干问题的解释》（自 1998 年 12 月 23 日起施行）第 11 条规定：违反国家规定，出版、印刷、复制、发行本解释第 1 条至第 10 条规定以外的其他严重危害社会秩序和扰乱市场秩序的非法出版物，情节严重的，依照《刑法》第 225 条的规定，以非法经营罪定罪处罚。

4. 擅自经营国际电信业务或者涉港澳台电信业务

根据最高人民法院《关于审理扰乱电信市场管理秩序案件具体应用法律若干问题的解释》（自 2000 年 5 月 24 日起施行）第 1 条规定：违反国家规定，采取租用国际专线、私设转接设备或者其他方法，擅自经营国际电信业务或者涉港澳台电信业务进行营利活动，扰乱电信市场管理秩序，情节严重的，依照《刑法》第 225 条的规定，以非法经营罪定罪处罚。

5. 非法传销或变相传销行为

根据最高人民法院《关于情节严重的传销或者变相传销行为如何定性问题的批复》（自 2001 年 4 月 18 日起施行）规定：对于 1998 年 4 月 18 日国务院《关于禁止传销经营活动的通知》发布以后，仍然从事传销或者变相传销活动，扰乱市场秩序，情节严重的，应当依照《刑法》第 225 条的规定，以非法经营罪定罪处罚。

◈关联案例◈ 浙江省某市某区王某某在国务院于 1998 年 4 月 18 日发布《关于禁止传销经营活动的通知》后的 1998 年 6 月至 1999 年 7 月间，注册了"鑫源经贸有限公司"，采用销售提成和发展下线提成等方式，组织、吸收全国各地 9800 余名营销员，进行服饰、保健品、皮具、健身器材等传销活动，传销额达 1337 万余元。后来，数千名传销人员陆续盘聚在鑫源经贸有限公司所在地，要求退货，赔偿损失，并于 1999 年 7 月底至 8 月 2 日冲击市政府机关并阻塞交通。这一大规模群体性闹事事件，经公安、武警连续几天的工作，终于平息了。法院经审理认定，王某某违反国家规定进行传销行为，破坏了传销的市场准入制度，侵犯了非法经营罪的保护客体，且其非法经营额达 1337 万余元，又导致发生大规模的冲击国家机关的事件，扰乱了市场秩序，故其非法经营行为的情节严重。王某某的行为已构成非法经营罪。①

6. 生产、销售添加"瘦肉精"饲料的行为

根据最高人民法院、最高人民检察院《关于办理生产、销售、使用禁止

---

① 参见《非法经营罪实务问题研究》，载人民法院网，http://www.chinacourt.org/public/detail.php? id=142275。

在饲料和动物饮用水中使用药品等刑事案件具体应用法律若干问题的解释》第2条规定：在生产、销售的饲料中添加盐酸克仑特罗（俗称"瘦肉精"）等禁止在饲料和动物饮用水中使用的药品，或者销售明知是添加有该类药品的饲料和动物饮用水，情节严重的，依照《刑法》第225条的规定，以非法经营罪追究刑事责任。

7. 哄抬物价、牟取暴利行为

根据最高人民法院、最高人民检察院2003年5月14日《关于办理妨害预防、控制突发传染病疫情等灾害的刑事案件具体应用法律若干问题的解释》（自2003年5月15日起施行）第6条规定：违反国家在预防、控制突发传染病疫情等灾害期间有关市场经营、价格管理等规定，哄抬物价、牟取暴利，情节严重的，依照《刑法》第225条的规定，以非法经营罪定罪，从重处罚。

8. 擅自发行、销售彩票行为

根据最高人民法院、最高人民检察院《关于办理赌博刑事案件具体应用法律若干问题的解释》（自2005年5月13日起施行）第6条规定：未经国家批准擅自发行、销售彩票，构成犯罪的，依照《刑法》第225条的规定，以非法经营罪定罪处罚。目前经国家批准的合法的彩票业务只有体彩和福彩，凡未经国家批准发行、销售彩票的，包括我国东南沿海一带农村地区泛滥的六合彩，均属于非法发行、销售彩票。

❖**关联案例**❖2004年11月至12月28日，肖某与柯某明、柯某华在晋江市灵源街道办事处林口社区柯某明家中共同销售六合彩。其中，由肖某、柯某华经手共收取投注金额人民币65980元，从第127期至第139期，共计13期（其中3期没有开）；由柯某明经手共收取投注金额人民币34145元，从第122期至第134期，共计13期；以上两笔合计人民币100125元。2004年12月28日，三人被当场人赃俱获。晋江市人民法院审理后认为，被告人柯某明、肖某、柯某华未经许可，从事非法经营活动，扰乱市场秩序，情节严重，其行为均已构成非法经营罪。法院依法判决，柯某明、肖某犯非法经营罪，判处有期徒刑1年，并处罚金人民币1万元；柯某华犯非法经营罪，判处有期徒刑10个月，缓刑1年，并处罚金人民币8000元。①

9. 擅自设立互联网上网服务营业场所或从事互联网上网服务经营的行为

根据最高人民法院、最高人民检察院、公安部《关于依法开展打击淫秽色情网站专项行动有关工作的通知》（自2004年7月16日起实施）规定：对

---

① 参见《非法销售"六合彩" 3人一审被判刑》，载 http://news.sina.com.cn/o/2005-09-08/22506896147s.shtml。

于违反国家规定，擅自设立互联网上网服务营业场所，或者擅自从事互联网上网服务经营活动，情节严重，构成犯罪的，以非法经营罪追究刑事责任。

❖**关联案例**❖ 1998 年至 2001 年间，郑文京在海淀区无照经营两处名为"伯爵"的网吧，张敏敏作为郑文京的女友经常到网吧看账收款。两家网吧曾先后 6 次被工商行政管理部门行政处罚。2001 年 4 月至 2002 年 6 月，郑文京注册成立北京蓝极速网络技术服务中心，但未取得经营网吧的专项许可。其间，郑文京与张敏敏在海淀区非法经营"蓝极速"网吧。在上述期间，两人非法经营额计人民币 40 余万元，非法获利人民币 10 余万元。2002 年 6 月 16 日凌晨，"蓝极速"被人纵火烧毁后张敏敏被抓获。郑文京随后到派出所投案，供述了自己非法经营网吧的事实。北京市第一中级人民法院经审理认为：被告人郑文京、张敏敏非法经营网吧，扰乱市场秩序，情节严重，均构成非法经营罪，判处郑文京有期徒刑 3 年，并处罚金人民币 30 万元；判处张敏敏有期徒刑 1 年零 6 个月，并处罚金人民币 20 万元。①

综上可见，非法经营罪的行为方式的外延非常广泛，从盐业专卖到非法出版经营、非法经营证券保险期货业务、非法从事电信经营业务、传销变相传销活动、非法生产使用销售"瘦肉精"、哄抬物价等，扰乱市场经济秩序的行为均可能构成非法经营罪。因此，民营企业在生产经营过程中要区分哪一些是非法经营的范围、哪一些是合法经营的范围，从而杜绝从事非法经营以避免刑事风险。

三、律师提示

（一）非法经营罪与非罪的界限

根据《刑法》第 225 条规定，行为人实施了非法经营行为，必须达到"情节严重"才能构成犯罪，那么如何在司法实践中，认定本罪中的"情节严重"呢？由于非法经营行为的类型较多，因而，各种行为情节严重的标准也不一样。根据最高人民检察院、公安部《关于经济犯罪案件追诉标准的规定》，具体的非法经营行为只有符合以下标准，才构成犯罪，应予以追究刑事责任。

1. 违反国家规定，采取租用国际专线、私设转接设备或者其他方法，擅自经营国际电信业务或者涉港澳台电信业务进行营利活动，涉嫌下列情形之一的，应予追诉：

---

① 参见《北京蓝极速网吧非法经营者被惩》，载《人民法院报》2003 年 4 月 29 日第 1 版。

（1）经营去话业务数额在 100 万元以上的；
（2）经营来话业务造成电信资费损失数额在 100 万元以上的；
（3）虽未达到上述数额标准，但因非法经营国际电信业务或者涉港澳台电信业务，受过行政处罚二次以上，又进行非法经营活动的。

2. 非法经营外汇，涉嫌下列情形之一的，应予追诉：
（1）在外汇指定银行和中国外汇交易中心及其分中心以外买卖外汇，数额在 20 万美元以上的，或者违法所得数额在 5 万元人民币以上的；
（2）公司、企业或者其他单位违反有关外贸代理业务的规定，采用非法手段，或者明知是伪造、变造的凭证、商业单据，为他人向外汇指定银行骗购外汇，数额在 500 万美元以上的，或者违法所得数额在 50 万元人民币以上的；
（3）居间介绍骗购外汇，数额在 100 万美元以上或者违法所得数额在 10 万元人民币以上的。

3. 违反国家规定，出版、印刷、复制、发行非法出版物，涉嫌下列情形之一的，应予追诉：
（1）个人非法经营数额在 5 万元以上的，单位非法经营数额在 15 万元以上的；
（2）个人违法所得数额在 2 万元以上的，单位违法所得数额在 5 万元以上的；
（3）个人非法经营报纸 5000 份或者期刊 5000 本或者图书 2000 册或者音像制品、电子出版物 500 张（盒）以上的，单位非法经营报纸 15000 份或者期刊 15000 本或者图书 5000 册或者音像制品、电子出版物 1500 张（盒）以上的。

4. 未经国家有关主管部门批准，非法经营证券、期货或者保险业务，非法经营数额在 30 万元以上，或者违法所得数额在 5 万元以上的，应予追诉。

5. 从事其他非法经营活动，涉嫌下列情形之一的，应予追诉：
（1）个人非法经营数额在 5 万元以上，或者违法所得数额在 1 万元以上的；
（2）单位非法经营数额在 50 万元以上，或者违法所得数额在 10 万元以上的。

如果行为人的非法经营行为没有达到上述标准的，也就不构成刑法规定的"情节严重"，就不是非法经营的犯罪行为，而无须承担刑事责任，只要由相关行政部门根据相应的法律法规规定，给予行政处罚即可。

（二）应特别注意非法经营罪成为"口袋罪"的趋势

从目前司法实践的情况看，非法经营罪有成为"口袋罪"的趋势，特别是其第四项"其他严重扰乱市场秩序的非法经营行为"，这一堵漏条款的设计，使得公、检、法部门出于对打击犯罪的考虑，将凡是在市场经济领域内发生的，扰乱市场秩序情节严重的，但无法套用刑法其他相应罪名的行为，全都认定为非法经营罪，从非法买卖外汇、非法传销到非法设立网吧，甚至哄抬物价、牟取暴利的行为等等。虽然，这样做有助于充分发挥刑法保护功能，保护社会公共利益，但是这种无限扩张的解释，模糊了成立犯罪的标准，无疑会对企业的经营行为产生巨大的不利影响，使得很多企业无法辨别何种经营行为是合法的、何种经营行为是犯罪。对于一些在经营方式方法不断进行翻新和创新的民营企业来说，更应特别注意企业经营行为的合法性，不要随便踏入法律的灰色地带，应当规范企业经营行为，合法经营，以免触犯刑法，受到严厉的刑罚处罚。

（三）非法经营罪的定罪量刑

根据《刑法》第225条规定，自然人犯非法经营罪，处5年以下有期徒刑或者拘役，并处或者单处违法所得1倍以上5倍以下罚金；情节特别严重的，处5年以上有期徒刑，并处违法所得1倍以上5倍以下罚金或者没收财产。

根据《刑法》第231条规定，单位犯本罪的，对单位判处罚金，并对其直接负责的主管人员和其他直接责任人员，依照《刑法》第225条规定的刑罚处罚。

❖关联法律规定❖

《刑法》第二百二十五条 【非法经营罪】违反国家规定，有下列非法经营行为之一，扰乱市场秩序，情节严重的，处五年以下有期徒刑或者拘役，并处或者单处违法所得一倍以上五倍以下罚金；情节特别严重的，处五年以上有期徒刑，并处违法所得一倍以上五倍以下罚金或者没收财产：

（一）未经许可经营法律、行政法规规定的专营、专卖物品或者其他限制买卖的物品的；

（二）买卖进出口许可证、进出口原产地证明以及其他法律、行政法规规定的经营许可证或者批准文件的；

（三）未经国家有关主管部门批准非法经营证券、期货、保险业务的，或者非法从事资金支付结算业务的；

（四）其他严重扰乱市场秩序的非法经营行为。

第二百三十一条 单位犯本节第二百二十一条至第二百三十条规定之罪的，对单位判处罚金，并对其直接负责的主管人员和其他直接责任人员，依照本节各该条的规定处罚。

最高人民检察院、公安部《关于经济犯罪案件追诉标准的规定》（2001年4月18日实施）

七十、非法经营案

违反国家规定，采取租用国际专线、私设转接设备或者其他方法，擅自经营国际电信业务或者涉港澳台电信业务进行营利活动，涉嫌下列情形之一的，应予追诉：

1. 经营去话业务数额在一百万元以上的；
2. 经营来话业务造成电信资费损失数额在一百万元以上的；
3. 虽未达到上述数额标准，但因非法经营国际电信业务或者涉港澳台电信业务，受过行政处罚二次以上，又进行非法经营活动的。

非法经营外汇，涉嫌下列情形之一的，应予追诉：

1. 在外汇指定银行和中国外汇交易中心及其分中心以外买卖外汇，数额在二十万美元以上的，或者违法所得数额在五万元人民币以上的；
2. 公司、企业或者其他单位违反有关外贸代理业务的规定，采用非法手段，或者明知是伪造、变造的凭证、商业单据，为他人向外汇指定银行骗购外汇，数额在五百万美元以上的，或者违法所得数额在五十万元人民币以上的；
3. 居间介绍骗购外汇，数额在一百万美元以上或者违法所得数额在十万元人民币以上的。

违反国家规定，出版、印刷、复制、发行非法出版物，涉嫌下列情形之一的，应予追诉：

1. 个人非法经营数额在五万元以上的，单位非法经营数额在十五万元以上的；
2. 个人违法所得数额在二万元以上的，单位违法所得数额在五万元以上的；
3. 个人非法经营报纸五千份或者期刊五千本或者图书二千册或者音像制品、电子出版物五百张（盒）以上的，单位非法经营报纸一万五千份或者期刊一万五千本或者图书五千册或者音像制品、电子出版物一千五百张（盒）以上的。

未经国家有关主管部门批准，非法经营证券、期货或者保险业务，非法经营数额在三十万元以上，或者违法所得数额在五万元以上的，应予追诉。

从事其他非法经营活动，涉嫌下列情形之一的，应予追诉：

1. 个人非法经营数额在五万元以上，或者违法所得数额在一万元以上的；

2. 单位非法经营数额在五十万元以上，或者违法所得数额在十万元以上的。

最高人民法院《关于审理骗购外汇、非法买卖外汇刑事案件具体应用法律若干问题的解释》（1998 年 9 月 1 日实施）

第四条 公司、企业或者其他单位，违反有关外贸代理业务的规定，采用非法手段，或者明知是伪造、变造的凭证、商业单据，为他人向外汇指定银行骗购外汇，数额在五百万美元以上或者违法所得五十万元人民币以上的，按照刑法第二百二十五条第（三）项的规定定罪处罚。

居间介绍骗购外汇一百万美元以上或者违法所得十万元人民币以上的，按照刑法第二百二十五条第（三）项的规定定罪处罚。

最高人民法院《关于审理非法出版物刑事案件具体应用法律若干问题的解释》（1998 年 12 月 23 日实施）

第 11 条 违反国家规定，出版、印刷、复制、发行本解释第一条至第十条规定以外的其他严重危害社会秩序和扰乱市场秩序的非法出版物，情节严重的，依照刑法第 225 条的规定，以非法经营罪定罪处罚。

最高人民法院《关于审理扰乱电信市场管理秩序案件具体应用法律若干问题的解释》（2000 年 5 月 24 日实施）

第一条 违反国家规定，采取租用国际专线、私设转接设备或者其他方法，擅自经营国际电信业务或者涉港澳台电信业务进行营利活动，扰乱电信市场管理秩序，情节严重的，依照刑法第 225 条的规定，以非法经营罪定罪处罚。

最高人民法院、最高人民检察院《关于办理生产、销售、使用禁止在饲料和动物饮用水中使用药品等刑事案件具体应用法律若干问题的解释》（2002 年 8 月 23 日实施）

第二条 在生产、销售的饲料中添加盐酸克仑特罗等禁止在饲料和动物饮用水中使用的药品，或者销售明知是添加有该类药品的饲料，情节严重的，依照刑法第二百二十五条第（四）项的规定，以非法经营罪追究刑事责任。

最高人民法院、最高人民检察院《关于办理妨害预防、控制突发传染病疫情等灾害的刑事案件具体应用法律若干问题的解释》（2003 年 5 月 15 日实施）

第 6 条 违反国家在预防、控制突发传染病疫情等灾害期间有关市场经营、价格管理等规定，哄抬物价、牟取暴利，情节严重的，依照刑法第 225 条的规定，以非法经营罪定罪，从重处罚。

最高人民法院、最高人民检察院《关于办理赌博刑事案件具体应用法律若干问题的解释》（2005 年 5 月 13 日实施）

第 6 条 未经国家批准擅自发行、销售彩票，构成犯罪的，依照刑法第 225 条的规定，以非法经营罪定罪处罚。

**最高人民法院《关于情节严重的传销或者变相传销行为如何定性问题的批

复》(2001年4月18日)

对于1998年4月18日国务院《关于禁止传销经营活动的通知》发布以后，仍然从事传销或者变相传销活动，扰乱市场秩序，情节严重的，应当依照刑法第二百二十五条第（四）项的规定，以非法经营罪定罪处罚。

实施上述犯罪，同时构成刑法规定的其他犯罪的，依照处罚较重的规定定罪处罚。

最高人民法院、最高人民检察院、公安部《关于依法开展打击淫秽色情网站专项行动有关工作的通知》（2004年7月16日）

对于违反国家规定，擅自设立互联网上网服务营业场所，或者擅自从事互联网上网服务经营活动，情节严重，构成犯罪的，以非法经营罪追究刑事责任。

第十三讲　损害商业信誉、商品声誉罪

　　良好的商业信誉、商品声誉是一个立足长远的企业所应当具备的至关重要的无形资产，在市场经济社会，其已经成为一种无声但却有形的竞争力。这种无形资产是商家通过艰苦的努力创造的，却极易受到他人的侵害。我们必须通过法律的程序，合理的手段，创造和增强良好的商业信誉、商品声誉，防范侵害商业信誉、商品声誉的违法犯罪行为。

第十三讲 损害商业信誉、商品声誉罪

【訾北佳损害商品声誉案】 訾北佳炮制"纸箱馅包子"假新闻损害商品声誉案,曾被媒体评为 2007 年中国 10 大案件之一。訾北佳,系北京电视台生活频道《透明度》栏目临时人员。2007 年 6 月间,他通过查访,在没有发现有人制作、出售肉馅内掺纸的包子的情况下,为了谋取所谓的业绩,化名"胡月",冒充建筑工地负责人,到北京市朝阳区太阳宫乡十字口村 13 号院内,对制作早餐的陕西省来京人员卫全峰等四人谎称需定购大量包子,要求卫全峰等人为其加工制作。后訾北佳携带秘拍设备、纸箱和自己购买的面粉、肉馅等再次来到十字口村 13 号院。訾北佳以喂狗为由,要求卫全峰等人将浸泡后的纸箱板剁碎掺入肉馅,制作了 20 余个"纸箱馅包子"。与此同时,訾北佳秘拍了卫全峰等人制作"纸箱馅包子"的过程。在节目后期制作中,訾北佳采用剪辑画面、虚假配音等方法,编辑制作了虚假电视专题片《纸做的包子》播出带,对北京电视台隐瞒了事实真相,使该虚假新闻得以于 2007 年 7 月 8 日在北京电视台生活频道《透明度》栏目播出,造成了恶劣影响,严重损害了相关行业商品的声誉。

2007 年 8 月 12 日,北京市第二中级人民法院依法公开开庭审理了"纸箱馅包子"虚假新闻炮制者訾北佳涉嫌损害商品声誉案,认定訾北佳犯损害商品声誉罪,判处有期徒刑 1 年,并处罚金 1000 元。①

一、什么是损害商业信誉、商品声誉罪

根据《刑法》第 221 条的规定,损害商业信誉、商品声誉罪,是指捏造并散布虚假事实,损害他人的商业信誉、商品声誉,给他人造成重大损失或者有其他严重情节的行为。

所谓"商业信誉",是指经营者在商业活动中的信用程度和名誉。包括社会公众对该经营者的资信状况、商业道德、技术水平、经济实力等方面的积极评价。"商品声誉",是指企业投放市场的商品的良好声望及称誉,包括商品的性能、结构、外观、效用、质量、价格等方面。经营者的商业信誉、商品声誉,不仅关系到经营者在市场上的形象,而且直接关系到其经济利益,影响其市场竞争力的高低。所以,严重侵犯经营者商业信誉、商品声誉的行为,刑法规定为犯罪,予以刑事处罚。

上述案例中,訾北佳故意捏造并散布虚假事实,损害他人商品声誉,在电视台公开播放,引起社会广泛讹传和评论,情节严重,构成损害商品声誉罪,应依法追究刑事责任。

---

① 参见《"纸箱馅包子"炮制者一审被判刑》,载《人民法院报》2007 年 8 月 14 日第 4 版。

二、损害商业信誉、商品声誉罪的行为方式

损害商业信誉、商品声誉罪,是指捏造并散布虚假事实,损害他人的商业信誉、商品声誉的行为。因而行为人只有既实施了捏造虚假事实,又公开散布这一虚假事实才构成本罪。在实践中,这种行为的表现形式是多种多样的,通常有:在公开场合,如订货会、交易会、产品新闻发布会上公开宣扬所捏造的事实;利用公开信、传单、对比性广告、声明性公告等诋毁他人及产品;以顾客、消费者的名义向有关监督部门如消费者协会、工商行政管理部门等作虚假投诉,或缺乏胜诉理由的情况下,以合法形式进行恶意诉讼,以期通过诉讼而给对方当事人造成损害后果,损害其商业信誉或商品声誉的;在社会公众中造谣并加以传播的等等。归纳起来,构成损害商业信誉、商品声誉的犯罪行为,必须具有以下特征:

(一)损害对象的特定性

在损害商业信誉、商品声誉犯罪中,行为人损害的对象是他人的商业信誉和商品声誉。他人既包括单位,又包括个人,但必须具有特定性。行为人捏造并散布的虚假事实必须指向特定的生产者或经营者,即有特定的被损害人的存在,被损害人有可能是企业,也有可能是个人。损害对象的特定化,主要有两种方式:一种是直接特定,即行为人明确指出被损害人的身份;另一种为间接特定,即行为人没有明确指明被损害人的身份,而是以含沙射影的方式,通过提及其荣誉称号、绰号或通过特定环境的描述,影射被损害人,但是根据其虚构的内容、散布的方式及其他相关描述,完全能让公众知道其指向于何人。如果只是对于某类商品、服务或某技术进行贬损,其并没有暗示上述评论对象与某特定生产者或经营者有关,并且根据其内容及散布方式无法推测针对的是谁,则不能构成本罪。

◈关联案例◈江苏阳光集团公司(以下简称阳光集团)是国内大型精毛纺企业。江苏三毛集团公司(现海澜集团)(以下简称三毛集团)是阳光集团的同行。出于竞争需要,2001年5月至7月,身为三毛集团人力资源部副部长的徐哲山,为了达到分散阳光集团领导人的注意力,引起阳光集团管理混乱的目的,便指使张振玲、房红亮根据其提供的虚假材料,捏造制作、复制大量侵害阳光集团商业信誉的传单,传单的标题分别为《致阳光全体员工书》、《致阳光全体员工的一封信》,落款均为"阳光人"、"阳光全体大学生"等,内容为集团领导"用专制的手段扼杀我们的前途和才华"、"阳光外面牛皮吹爆而车间放假停产",在江阴市的公园、菜场、汽车站和证券公司等公共场所

任意散发,并将此类传单邮寄给省、市党政机关领导和多家新闻单位。给阳光集团造成了巨大经济损失,对商业信誉造成了难以估量的损失。

2007年1月17日,江苏省江阴市人民法院认定被告人徐哲山犯侵害商业信誉罪,判处有期徒刑1年零3个月,并处以5万元罚款,张振玲、房红亮以同样罪名分别被判处有期徒刑1年、6个月和数额不等的罚款。①

这是一起损害直接竞争对手商业信誉的刑事案件,徐哲山等人,捏造的虚假事实直接指向特定的他人,即阳光集团,并通过散发传单的形式散布,严重损害阳光集团的商业信誉,造成他人巨大的经济损失,因而,其行为已构成犯罪,应受到法律的严惩。

另外,行为人所侵害的是商业信誉、商品声誉,因此,他人的身份也必须是特定的,必须是从事商业活动的人,如生产者、销售者、经营者、提供诸如饮食、旅店、旅游等各种服务的人等。

(二)损害行为的公开性

损害商业信誉、商品声誉的犯罪行为是一种通过捏造、散布虚假事实,对他人的商业信誉、商品声誉进行诋毁的违法犯罪行为。但是,捏造虚假事实只是构成本罪的前提,并不是行为人实施了捏造虚假事实,就构成犯罪,只有捏造的虚假事实经行为人散布,即行为人的行为必须具有公开性,才构成本罪。"散布"是指以各种方式在公众中宣传、扩散其捏造的虚假事实的行为。"散布",既可以是口头的,也可以是书面的,还可以是通过新闻媒介等,在司法实践中,通常表现为行为人在公开场合口头宣传;利用传单、公开信传播;利用新闻媒介进行炒作,制造舆论效应等。如果行为人只是捏造了虚假事实,但没有进行散布,则不构成本罪。

❈关联案例❈ 山东首例损害商品声誉案——招远市"双塔粉丝死老鼠案"。刘某曾因故与济南某超市结怨,便伺机报复。2007年2月10日晚,他向熟人要来在该超市购买的粉丝,将一只死老鼠放进粉丝袋中重新封口,开始实施报复计划。2月11日,刘某打电话向该超市投诉,称其在该超市购买的一袋山东烟台金华粉丝有限公司生产的"双塔"牌龙口粉丝有问题,却拒绝对方查看产品。次日,刘某持购物小票和一袋装有死老鼠的龙口粉丝到当地工商部门和媒体投诉。2月13日,媒体报道后,此事被互联网上迅速传播,工商部门一度责令该超市将粉丝全部下架,"双塔"牌龙口粉丝在日本、福建、重

---

① 参见《企业商业信誉不容侵犯》,载 http://news.xinhuanet.com/fortune/2002-03/05/content_301430.htm。

庆等地的客户纷纷向生产厂家山东烟台金华粉丝有限公司退货，给厂家造成直接经济损失100余万元。后招远市人民法院以刘某犯损害商业信誉、商品声誉罪，对其作了有罪判决，并为企业追回损失30万元。①

在本案中，刘某在捏造虚假事实后，通过向工商部门投诉和向新闻媒体曝光等形式散布，使得虚假事实得以公开化，损害了他人的商业信誉，其行为已触犯了刑法。

三、律师提示

（一）损害商业信誉、商品声誉罪与非罪

根据《刑法》第221条的规定，捏造并散布虚假事实，损害他人的商业信誉、商品声誉，只有给他人造成重大损失或者有其他严重情节的，才构成犯罪。由此可见，区分损害商业信誉、商品声誉罪与非罪的界限在于是否给他人造成重大损失或者有其他严重情节。根据最高人民检察院、公安部《关于经济犯罪案件追诉标准的规定》的有关规定，损害商业信誉、商品声誉罪的成立标准有以下两种情形：

1. 给他人造成的直接经济损失数额在50万元以上的；
2. 虽未达到上述数额标准，但具有下列情形之一的：
（1）严重妨害他人正常生产经营活动或者导致停产、破产的；
（2）造成恶劣影响的。

因而，损害他人商业信誉、商品声誉只有达到上述标准之一，才构成本罪；否则，只属于一般诋毁商业信誉、商品声誉的违法行为，不构成犯罪，但受害人可以要求行为人承担民事赔偿责任，并可以要求相关主管行政机关对这种违法行为进行行政处罚。另外，这里的"重大损失"是指实际损失，而不包括间接损失及潜在的损失，但受害人遭受的间接损失及潜在利益损失，是司法机关量刑时需考虑的情节。

（二）如何正确区分消费者的正当维权行为与损害商业信誉、商品声誉的犯罪行为

随着市场经济的日益发展，消费者权利保护意识的日益提高，消费者的自觉维权行为也越来越多，维权方式也多种多样，诸如向消协或政府相关部门投

---

① 参见《一只死老鼠赔了三十万 双塔粉丝被陷案宣判》，载 http://www.sd.xinhuanet.com/news/2007-12/14/content_ 11939371.htm。

诉，向新闻媒体曝光，向法院提起诉讼等等。对于消费者而言，在购买了不合格甚至伪劣商品后，往往会采取一些非常的手段来维护自己的权益，达到自己的目的，有的手段是合法的，有的也可能是不合法的，如果超越法律允许的范围进行维权，则有可能侵犯生产者或经营者的合法权益，甚至触犯刑法。对于企业，特别是民营企业而言，客户满意是企业经营的宗旨，只有获得消费者的认可，企业才能生存和发展，正确面对消费者的维权行为是民营企业经营活动中的一个重大课题，如果消费者的维权行为是正当的，企业则应积极回应，以满足消费者的合理诉求，并不断改进提供的产品和服务的质量；如果消费者的维权行为是违法的，甚至是使用损害企业商业信誉、商品声誉的犯罪手段，企业则应通过法律途径维护自身的合法权益，使企业来之不易的形象得到维护。因而，如何正确区分消费者的正当维权行为与损害商业信誉、商品声誉的犯罪行为，则具有十分重大的意义。

◈**关联案例**◈ 2001年4月，陈恩经营的连云港黄海度假村客房部购买了上海双菱空调器制造有限公司（以下简称"双菱公司"）生产的价值人民币27万余元的84台双菱空调，并支付了10万余元货款。同年11月起，陈恩、金月根、金家祥经过事先商量，以双菱空调存在批量质量问题向双菱公司投诉，双菱公司即派人赴连云港进行检测和协商。12月初，陈恩一方又提出210万元的巨额索赔。双菱公司否认产品存在批量质量问题，双方未达成一致意见。2002年3月初，陈恩一方又向双菱公司索赔520万元未果。陈恩、金月根、金家祥即持上述现场监理记录和检验报告，于2002年3月14日在南京市中山东路、太平北路口打出"双菱空调、质量低劣、投诉无门、砸毁有理"的宣传语，当众砸毁壁挂式双菱空调一台。同年3月28日，三人又在上海市轻轨明珠线镇坪路站附近打出"双菱空调、质量低劣、路人愿砸、奖励十元"的宣传语，悬赏路人砸毁壁挂式双菱空调一台。同年5月13日，三人打出"上海双菱空调、质量低劣、八个月来、投诉无门、不要赔偿、只要公理"的宣传语，在南京乐富来广场再次当众砸毁壁挂式双菱空调一台。上述事件发生后，南京、上海等地媒体分别做了报道，国内其他一些地方的媒体也做了转载或报道。该批双菱空调经上海市产品质量监督检验所、国家日用电器质量监督检验中心抽验检验，符合国家标准。由于三次砸空调事件的发生并由媒体报道以后，双菱空调声誉受到损害，致用户无故退货，双菱空调的经销商被迫终止、变更销售合同并退回空调，造成双菱公司经济受损，其中仅产品退货一项就造成直接损失价值人民币57.7万余元。2003年3月14日，上海市奉贤区人民法院判决被告人陈恩犯损害商品声誉罪，判处有期徒刑1年，并处罚金人民币3万元；被告人金月根、金家祥、钱广如犯损害商品声誉罪，分别判处罚金人民币3万元。①

从本案中我们可以看出，区分消费者的正当维权行为与损害商业信誉、商品声誉犯罪的行为，应从两方面着手：一是事实方面，如果生产者、经营者的商品确实存在消费者所称的质量问题，则消费者的维权行为就可能是正当的；如果消费者是通过捏造的虚假事实，来获取不正当利益的，则可能构成损害商业信誉、商品声誉的犯罪行为。二是手段方面，消费者正当维权行为所采取的手段应当是合法的，如通过投诉、和解、调解、仲裁、诉讼等途径进行。而损害商业信誉、商品声誉的犯罪行为，则是采取超出了法律允许范围的手段，从而侵犯了他人的合法权益。

（三）如何区别新闻媒体的合法舆论监督行为与损害商业信誉、商品声誉的犯罪行为

舆论监督是社会监督的一种重要形式，公开、公正的舆论监督氛围也是现代文明国家的象征。对于民营企业而言，新闻工作者、新闻机构经过正常的采访，公开披露、曝光、批评一些商誉不好的经营者或者质量不合格、伪劣产品的，这些行为从表面上看有损于企业的商誉，但真实的披露有利于公众对企业产品的客观评价，有利于保护消费者的合法权益，有利于保护正常的经济秩序，例如我国的"质量万里行"行动，对于不合格或伪劣产品及生产厂家进行曝光，还有国家有关部门每年组织对化妆品、家用电器等各种产品进行质量抽查，并将质量不符合标准的产品及生产企业予以曝光。这些行为不仅不是损害商业信誉、商品声誉的行为，而且还是有利于民营企业和社会的行为。但是，新闻工作者、新闻媒体在进行舆论监督时，也应把握限度，如果超越了法律允许的范围，则可能构成对企业商誉的民事侵权，甚至可能构成损害商业信誉、商品声誉的犯罪。

合法的舆论监督应当做到真实、客观、公正地反映监督对象的情况，如果新闻工作者、新闻媒体没有捏造并散布虚假事实，而是真实地表达或报道某企业的不合格的经营现状、服务水平、产品质量，以及企业有关产品质量真实内容的报道，即使严重损害了该企业的商誉，给该企业造成重大损失，也不应承担任何法律责任，更不构成损害商业信誉、商品声誉的犯罪。但是，如果新闻工作者、新闻媒体超出了合法的舆论监督的范围，捏造并散布虚假事实，或积极参与他人捏造并散布虚假事实的策划与实施，并造成了严重后果的，则可能

---

① 参见《上海公开宣判当街砸空调损害商品声誉案》，载《人民法院报》2003年4月3日第4版。

构成损害商业信誉、商品声誉的犯罪。

（四）损害商业信誉、商品声誉罪的量刑

根据《刑法》第 221 条规定，犯损害商业信誉、商品声誉罪的，量刑起点为 2 年以下有期徒刑或者拘役，并处或者单处罚金。

根据《刑法》第 231 条规定，单位犯本罪的，对单位判处罚金，并对其直接负责的主管人员和其他直接责任人员，按照《刑法》第 221 条规定处罚。

❖ 关联法律规定 ❖

《刑法》第二百二十一条　【损害商业信誉、商品声誉罪】 捏造并散布虚伪事实，损害他人的商业信誉、商品声誉，给他人造成重大损失或者有其他严重情节的，处二年以下有期徒刑或者拘役，并处或者单处罚金。

第二百三十一条 单位犯本节第二百二十一条至第二百三十条规定之罪的，对单位判处罚金，并对其直接负责的主管人员和其他直接责任人员，依照本节各该条的规定处罚。

最高人民检察院、公安部《关于经济犯罪案件追诉标准的规定》（2001 年 4 月 18 日实施）

六十六、损害商业信誉、商品声誉案

捏造并散布虚伪事实，损害他人的商业信誉、商品声誉，涉嫌下列情形之一的，应予立案：

1. 给他人造成的直接经济损失数额在五十万元以上的；
2. 虽未达到上述数额标准，但具有下列情形之一的：
①严重妨害他人正常生产经营活动或者导致停产、破产的；
②造成恶劣影响的。

第十四讲　虚假广告罪

在社会经济生活高度发达的今天，随着市场竞争的不断激烈化，企业借助广告强大的传播讯息的功能拓展市场，推销自己的产品或服务，使得广告这种影响范围广泛、传播速度迅速的手段在商业竞争中的地位日益显得重要。广告作为一种宣传手段，用之得当，将迅速提高企业的知名度，提升企业形象；但是如果用之不当，就将面临一系列法律问题，有的可能构成对他人的侵权，有的甚至可能触犯刑法。因而，如何合法利用广告进行企业宣传，防范法律风险，也成为了民营企业发展过程中的一个亟待解决的问题。

【杭州华夏医院虚假医疗广告案】 2005年5月31日,杨文秀、杨国坤、杨元其等人共同出资承包了私营合伙企业杭州华夏医院风湿科,由杨元其等人负责具体事务的管理,由在河南漯河中心医院学习了两天技术的医生王之义负责实施"免疫平衡调节微创手术"治疗类风湿性关节炎、强直性脊柱炎。为招揽患者,杨元其征得杨文秀同意后对外发布广告,杭州华夏医院负责人黄元敏在明知广告内容虚假的情况下,同意杨元其等人以杭州华夏医院的名义通过新闻媒体对外发布医疗广告,该广告宣称"首家引进香港国际类风湿病研究院独创的免疫平衡调节微创手术,治疗类风湿性关节炎、强直性脊柱炎,手术安全可靠,无痛苦,术后无需长期服药。用疗效说话,让患者见证。只需一次手术,还您终身健康"。广告发布后,有38名患者接受治疗,所涉33名患者不仅未取得广告中所称的医疗效果,反而致使朱芸珍等14名患者9级伤残。

2006年3月24日,浙江省工商行政管理局认定其涉嫌虚假广告罪,移交公安部门查处。2007年11月9日,浙江省杭州市江干区人民法院一审认定被告人黄元敏、杨文秀、杨国坤、杨元其犯虚假广告罪,判处有期徒刑1年至1年6个月不等,并处罚金。各被告均不服提出上诉,杭州市中级人民法院作出终审判决维持原判。①

一、什么是虚假广告罪

根据《刑法》第222条规定,虚假广告罪,是指广告主、广告经营者、广告发布者违反国家规定,利用广告对商品或服务作虚假宣传,情节严重的行为。

在市场经济中,广告作为传播信息、指导消费、促进销售的工具,作为商品生产者与销售者联系消费者的纽带,在现代经济生活中发挥着不可低估的作用。但任何事物的发展都具有两面性,广告在带给经营者和消费者快捷资讯的同时,也使一些心怀不轨者趁机而入,他们借虚假广告大肆捞取不法之财,不仅诱惑和欺骗了消费者,也使正当的经营者蒙受了无辜的损失,严重扰乱了市场经济秩序。

所谓利用广告作虚假宣传,是指所利用的广告中具有虚假的不真实的内容,对商品的性能、质量、用途、价格、有效期限、产地、生产者、售后服务、附带赠品的允诺等以及对服务的内容形式、质量、价格、允诺等作不符合事实真相的宣传,以假充真,以无冒有。具体如商品或服务的质量、技术达不

---

① 参见《杭州华夏医院虚假医疗广告案宣判 负责人等被判刑》,载 http://www.zgwscy.com/content.asp? id = 4104。

到广告所宣传的质量、技术标准，以假充真，以劣冒优；不具有广告所宣传的功能，如讲有保健功能，实际却没有，讲能治病却不能治病等；购买品或支付服务报酬与所宣传的价格、报酬不符，说价廉物美，实质价格高昂；故意夸大产品或服务的影响，如产品本只在省内销售却说已畅销全球，产品本卖不出去、严重滞销，却说供不应求、深得消费者喜爱等；伪造宣传商品或服务的质量、功能等内容所凭借的他人言论、证据如数据、统计资料、文摘、引用语、调查结果、获奖证明等；所宣传的商品或服务不存在等。

另外需特别注意的是，构成虚假广告罪行为人必须是广告主、广告经营者或广告发布者，既包括个人，也包括单位。广告主，是指为推销商品或者提供服务，而需要发布广告的企业或个人；广告经营者，是指受委托提供广告设计、制作、代理服务的广告公司或个人；广告发布者，是指为他人发布广告的网络、报纸、电视等媒体。

在上述案例中，被告人杨文秀、杨国坤、杨元其等人，违反国家规定，利用广告对其服务做虚假宣传，造成患者人身伤残，严重危害社会，情节严重，构成虚假广告罪。

二、虚假广告罪的行为方式

虚假广告罪，就行为方式而言，也是多种多样，如企业伪造有关文件，提供不真实、不合法、没有效力的证明，唆使广告公司作虚假设计、制作；指使报纸、网络或电视等媒体作虚假发布或以高价发插刊广告等。广告公司明知他人要求制作、设计的广告内容虚假仍然制作、设计，或不查验有关证明文件、核实广告内容。报纸、网络或电视等媒体违反有关规定，不认真核实内容的真实性或明知内容虚假仍决意发布等。

虚假广告既可以通过电影、电视、广播、报纸、刊物等向社会广为散布；也可以采取树立广告牌、横挂广告横幅，树立广告立体图案，书写广告语，散布广告传单等各种各样的方式，使广大公众所知悉。

根据《刑法》等法律的规定，虚假广告罪的行为方式，主要表现为行为人实施了发布欺骗性虚假广告的行为。

所谓"欺骗性虚假广告"，是指广告显示的内容与客观事实不符，隐瞒了商品和服务的真相，对商品的质量、制作成分、性能、用途、生产者、有效期限、产地、允诺，或者对服务的内容、形式、质量、价格、允诺等内容大肆吹嘘，欺骗消费者的行为。

在司法实践中，主要表现为：（1）广告对商品的性能、用途、产地、数量、质量、价格、生产者、有效期限等进行不符合实际的宣传；（2）广告中使用的数据、统计资料、调查结果、文摘、引用语不真实;(3)未取得专利权或某某重大奖项,在广告中谎称取得专利权或重大奖项的,等等。

◈**关联案例**◈1999年12月至2002年7月间,扬州新世纪黑豚特种养殖有限公司法定代表人吕某某,违法印刷《致富无止境,黑豚伴您行》、《致富——请养中国黑豚》、《珍稀野生动物,黑色保健食品》等印刷品若干份进行散发,并在因特网上制作网页对公司的服务及产品"黑豚"进行大肆吹嘘,在广告中宣称:"黑豚对胃病、高血压、冠心病等有较明显的食疗作用"、"黑豚血和豚睾丸可通过生物工程生产国际市场紧俏的药用原料"、"黑豚的皮毛是一种很好的裘皮服装和工艺饰品的加工原料"、"雄厚的经济实力让您免除一切后顾之忧"等。事实上,"黑豚对胃病、高血压、冠心病等的食疗作用",无任何证明文件能够证明;"黑豚血和豚睾丸可通过生物工程生产国际市场紧俏的药用原料";公司将黑豚宰杀后将所有的皮毛全都丢弃,并未作为制作高档服装的原料来用;"雄厚的经济实力让您免除一切后顾之忧"也是虚假和无法履行的。在近3年的时间里,吕某某为推销其经营的产品"黑豚",自行印制大量印刷品,对本公司的产品性能、经济实力、经营状况作了虚假宣传,在全国范围内40余个大、中城市进行了散发,时间长、范围广、次数多,造成大量广告受众受到误导,黑豚联养户购买的种豚价值人民币500多万元,因所购种豚无法回收,给养殖户造成直接经济损失达人民币300多万元。2002年12月9日,江苏省扬州市邗江区人民法院认定被告人吕某某犯虚假广告罪,判处有期徒刑6个月,并处罚金人民币20000元。①

在本案中,吕某某违反国家规定,在发布的广告中,虚假宣称其公司具有雄厚经济实力,而实际情况是其公司资金缺乏,没有按合同回收"黑豚"导致养殖户经常上访;对其公司经营的"黑豚"产品的性能、用途、质量,进行大肆吹嘘,使众多养殖户受骗进行了养殖,遭受重大经济损失。因而,吕某某故意发布欺骗性的虚假广告,情节严重,依法构成虚假广告罪,应受刑罚惩罚。

在现实生活中,许多经营者为销售商品,往往在宣传介绍商品的广告中使用一些与事实不符的用语,比如对品质、功能、价格等内容进行虚假宣传,如果情节严重的话,就存在构成犯罪的风险。但如果仅是使用消费者可以分辨的合理夸张用语,则不属于违法行为。

---

① 参见《发布虚假广告情节严重构成犯罪》,载 http://china.findlaw.cn/info/jingjifa/guanggao/anli/67796.html。

三、律师提示

（一）虚假广告罪与非罪的界限

根据《刑法》第 222 条规定，广告主、广告经营者、广告发布者违反国家规定，利用广告对商品或服务作虚假宣传，只有达到"情节严重"，才构成本罪。那么何谓"情节严重"呢？一般情况下是从虚假广告的内容、手段、方法、地点以及后果等因素上分析，根据最高人民检察院、公安部《关于经济犯罪案件追诉标准的规定》第 67 条规定，广告主、广告经营者、广告发布者违反国家规定，利用广告对商品或者服务作虚假宣传，涉嫌下列情形之一的，应予追诉：（1）通过虚假广告取得违法所得 10 万元以上的；（2）因为虚假广告给消费者造成的损失达到 50 万元以上的；（3）虽未达到上述数额标准，但因利用广告作虚假宣传受过行政处罚两次以上，又利用虚假广告作虚假宣传的；（4）造成人身伤残或者其他严重后果的。因而，只有行为人的行为符合上述标准之一的，才构成虚假广告罪；否则虽然利用广告对商品或服务作了虚假宣传，也不构成犯罪，只能作为违反《广告法》的一般违法行为，由相关政府主管部门进行行政处罚。

（二）发布误导性广告是否构成虚假广告罪

所谓误导性广告，是指采用引人误解的陈述或表述，使受众对特定对象产生错误认识，从而对商品或服务产生不切实际的期望。

现实生活中，主要表现为：（1）通过文字、图案、图像等，使受众产生错误的境联效应或类推心理，引人误解；（2）在广告中使用一些模棱两可的概念、语言，如"买一送一"等，引人误解；（3）利用名人的知名度和影响力误导消费者。

◈**关联案例**◈ 2007 年 6 月，某市某家电商店开展促销活动，在广告中声称："促销活动期间购物，买 100 送 20。"当消费者在该店购买家电获得赠券再进行消费时，该店堂告示中增加了 2 个附加条件：一是必须购买音响设备柜台的商品；二是必须再购买满 100 元，赠券才能抵冲人民币 20 元。

该案例中，该家电商店在媒体发布的广告中，并没有注明"买 100 送 20"的具体条件和要求，当消费者购买商品获赠券后，店里再临时附加条件。这种做法违反了《广告法》第 9 条中"广告中对服务的内容、形式、质量、价格、允诺有表示的，应当清楚、明细"的规定，引起消费者的误解，是一种误导性广告。

那么，发布误导性广告是否构成虚假广告罪呢？国家工商管理总局在《关于认定处理虚假广告问题的批复》中指出："关于虚假广告，一般应从以下两个方面认定：一是广告所宣传的产品和服务本身是否客观、真实；二是广告所宣传的产品和服务的主要内容（包括产品和服务所能达到的标准、效用、所使用的注册商标，获奖情况，以及产品生产企业和服务提供单位等）是否真实。"因而，根据上述规定，只有行为人实施了前文论述的欺骗性虚假广告的行为，并且情节严重的，才可能构成虚假广告罪；而误导性广告，由于所宣传的产品或服务本身及其内容都是真实的，只是使用了引人误解的宣传方式或手段，使消费者产生了不合实际的认识。因而，行为人发布误导性广告的行为，只是属于违反《广告法》的一般违法行为，由相关行政部门给予处罚即可，而不构成虚假广告罪。

（三）发布"夸大其词"的广告是否构成虚假广告罪

广告，作为一种旨在引起人们强烈关注的信息传播方式，或多或少都带有一些夸张效果，正如广告界一句名言——"广告就是合法的欺诈"。因为只有适当的夸张，才能体现商品的特性，和在同类商品之上的特质，如某冰箱广告宣称的"零度不结冰，长久保持第一天的新鲜"。因而，这种适当夸大其词的广告，并不是虚假广告罪中所指的"虚假广告"，也就不可能构成本罪。

但是如果广告夸大宣传超过了合理的限度，则属于违法的不正当竞争行为，可能受到相关行政主管部门的处罚。

❖**关联案例**❖"脑白金"在浙江省台州市的经销商，曾陆续在当地电视台发布"脑白金"保健食品广告，该广告称："1. 只要每天补充脑白金，重新回到年轻态，服用2天，睡眠加深；3个月后，白发变黑，生病几率大幅下降；长期服用比同年龄老人活得更长久，更健康。2. 全国有1000万以上的老年人坚持服用长达5年，在他们身上开始出现奇迹，服用脑白金后，不仅睡眠好了，就连新长的头发也都是黑的。"对此，台州市工商局认为其"广告内容有悖真实，属虚假、违法、夸大宣传保健食品功效；欺骗、误导消费者"，根据《广告法》第37条规定，依法对其作出没收广告费5000元，罚款5000元的行政处罚。

另外需特别注意的是，如果夸大宣传的商品的功能、效用等，是该商品根本不具有的，只是人为捏造的，则该广告就不属于夸大其词的广告了，而应属于欺骗性的虚假广告，则有可能构成虚假广告罪。

❖**关联案例**❖2005年，一种名叫"哈佛戴高乐"的增高药开始风靡大江南北，并在广告中宣称"由美国哈佛大学投资2.5亿美元研制"、"经美国哈佛医学院、中国延边大学医学院、韩国汉城国立医学院临床实验,显示人体在服用一个星期之后有明显增高效果",且已荣获"世界生命医学'普林那尼'紫心勋章奖",并得到"世界生命科学医学会全球认证"等。这样的宣传,以及所谓的"患者现身说法",使得全国大量的消费者上当受骗。实际上,"哈佛戴高乐"的增高药,是延边大学草仙药业有限公司生产的一种"五维赖氨酸片",该药品系维生素类非处方药,是用于促进幼儿、儿童正常发育及年老者的一种营养补充剂,根本不具有任何增高作用。"哈佛戴高乐"的增高效用,纯属该药品经销商捏造,并大肆吹嘘宣传的,因而,涉嫌构成虚假广告罪。2005年7月,武汉市人民检察院以涉嫌虚假广告罪将"哈佛戴高乐"的经销商徐某依法批准逮捕。①

(四)如何正确区分虚假广告与违法广告、歧义广告

所谓违法广告,根据相关法律规定,是指有下列内容之一的广告:(1)在广告中利用中华人民共和国国旗、国徽、国歌,使用国家机关和国家机关工作人员名义的;(2)使用国家级、最高级、最佳等用语的,妨害社会公共秩序和违背社会良好风尚的,在广告中含有民族、种族、宗教、性别歧视内容的;(3)在广告中含有淫秽、迷信、恐怖、暴力、丑恶内容的;(4)广告妨碍环境和自然保护的;(5)弄虚作假的,贬低同类产品的;(6)法律、法规规定禁止的其他情形。很明显,虚假广告属于违法广告,但违法广告并非都是虚假广告,而应根据违法广告的具体情况,分别按相应法律规定予以处理,只有违法的虚假广告达到情节严重,才能构成虚假广告罪。

所谓的歧义广告,是指广告的内容将造成消费者对商品或者服务质量等产生多种理解,而其中一种理解与事实相符,其他理解与事实不符。例如商家在广告中经常有"买一赠一"这样的宣传,有的消费者理解为买某商品再赠一件同样商品,而事实上,是买这件商品赠其他商品等。此类广告属歧义广告,是属于《反不正当竞争法》所规定的"引人误解的广告"。但是与虚假广告不同的是,消费者虽然对其所宣传的事实作出错误的理解,但是也可能作出正确的理解。对于歧义广告,一般只作为不正当竞争的违法行为处理,追究相关责任人的民事责任或行政责任,而不宜以虚假广告罪追究其刑事责任。

---

① 参见《"哈佛戴高乐"增高原是虚假广告 涉案董事长被捕》,载 http://news.sina.com.cn/o/2005-07-29/11356561107s.shtml。

（五）虚假广告罪的量刑

依照《刑法》第222条的规定，犯本罪的，处2年以下有期徒刑或者拘役，并处或者单处罚金。

依照《刑法》第231条的规定，单位犯本罪的，对单位判处罚金，并对其直接负责的主管人员和其他直接责任人员，依照《刑法》第222条的规定处罚。

❖关联法律规定❖

《刑法》第二百二十二条　【虚假广告罪】广告主、广告经营者、广告发布者违反国家规定，利用广告对商品或者服务作虚假宣传，情节严重的，处二年以下有期徒刑或者拘役，并处或者单处罚金。

最高人民检察院、公安部《关于经济犯罪案件追诉标准的规定》（2001年4月18日实施）

六十七、虚假广告案

广告主、广告经营者、广告发布者违反国家规定，利用广告对商品或者服务作虚假宣传，涉嫌下列情形之一的，应予追诉：

1. 违法所得数额在十万元以上的；
2. 给消费者造成的直接经济损失数额在五十万元以上的；
3. 虽未达到上述数额标准，但因利用广告作虚假宣传，受过行政处罚二次以上，又利用广告作虚假宣传的；
4. 造成人身伤残或者其他严重后果的。

国家工商行政管理局《关于认定处理虚假广告问题的批复》（1993年6月21日）

一、关于虚假广告，一般应从以下两个方面认定：一是广告所宣传的产品和服务本身是否客观、真实；二是广告所宣传的产品和服务的主要内容（包括产品和服务所能达到的标准、效用、所使用的注册商标，获奖情况，以及产品生产企业和服务提供单位等）是否真实。凡利用广告捏造事实，以并不存在的产品和服务进行欺诈宣传，或广告所宣传的产品和服务的主要内容与事实不符的，均应认定为虚假广告。

第十五讲　串通投标罪

从20世纪80年代招投标制度的引入至今,我国招投标活动已走过了20多年的历程。招标投标作为市场经济条件下一种比较成熟、高级和规范化的交易方式,得到了社会的广泛认同,对保证市场竞争的公开、公平、公正起到了十分重要的作用。20多年来,我国招投标领域得到不断扩展,从单纯的工程建设,逐步拓展到工程建设、货物采购和服务等多个领域。招标投标作为一种通过竞争促进经济发展的手段,正越来越深入到经济建设的各个领域。对于民营企业来说,参与招标投标活动,是一种积极参与市场竞争的方式。因而,如何在招标投标活动中合理防范法律风险,对于民营企业来说就尤为重要。

【浙江温州瓯海区市政工程串标案】2002年6月，温州经济技术开发区滨海园区起步区市政工程第二标段向社会公开招标，并采用最低造价中标评标办法。先后有99家工程公司报名参加，经过招标方的资格预审、实地考察及随机抽签，湖南省长沙市市政工程公司代表等7家单位受邀参加最后投标活动。当7家建筑单位获知入围后，7家建筑单位的代表张志文、项光宇、郑定忠等人密谋串标，商定由长沙市市政工程公司与中国建筑第八工程局合伙，在长沙市市政工程公司中标后，支付给其他5家参加投标公司各100万元人民币的"好处费"。2002年8月20日，原本与其他6家参加投标单位预谋商定串标的上海第一市政工程公司代表付光敏，因其公司有关人员不同意参与串通投标，竟伙同蔡景枢纠集多人抢走该公司投标技术标书，使该公司无法参加当日的投标（报价更低），长沙市市政工程公司以146572284元的标的额顺利中标，其他5家公司再按事先议定的条件分取"好处费"。2003年7月，温州市南塘大道二期工程第三标段向社会公开招标，张志文、潘志勇、黄建和以长沙市市政工程公司代表身份，报名参加该工程的投标。在通过投标资格审查后，张志文再次与参加投标的6家建筑公司的代表进行预谋串标，商定由长沙市市政工程公司中标，该公司在中标后支付参加投标的其他6家单位各90万元的"好处费"。2003年8月，在南塘大道二期工程第二标段向社会公开招标时，湖南省株洲市市政建设总公司代表陈剑彬、杨旭暖、陈锵在报名并通过投标资格审查后，与其他6家公司的代表林植更、徐锋明、陈一丰等人串标，确定由株洲市市政建设总公司中标，陈剑彬、杨旭暖、陈锵等人支付6家参加投标单位共计176万元人民币作为"回报"。

2005年11月15日，温州市瓯海区人民法院对这起"国内市政工程串标第一案"作出一审宣判，分别以串通投标罪判处张志文、陈剑彬等13人有期徒刑2年、缓刑2年至有期徒刑6个月、缓刑1年不等的刑罚，并处罚金15万元至80万元；判处丁建刚等9人单处罚金5万元至50万元不等；判处朱善怀、詹继根免予刑事处罚。24名被告人在接到判决书后均未提起上诉，一审判决自动生效。①

一、什么是串通投标罪

根据《刑法》第223条的规定，串通投标罪，指投标人相互串通投标报价，损害招标人或者其他投标人利益，或者投标人与招标人串通投标，损害国

---

① 参见《温州涉案金额达2.96亿的市政工程串标案判决》，载http://sm163.fj.vnet.cn/smjcy/readnews.asp?newsid=448。

家、集体、公民的合法权益,情节严重的行为。

在承包建筑工程或采购大宗商品或服务时,承包人或卖主按照招标公告的标准和条件提出价格,填具标单,叫投标;而公开发布招标公告,公布标准和条件,提出价格,招人承包或者承买,叫招标。招标与投标是市场交易中一种常见的竞争方式,投标人根据招标人的条件提出自己要求的价格和相应条件,开列清单向招标方投函,到一定时期,由招标人召集所有投标人当场开标,选择其中质量最精良、价格最合算人为中标人,再由招标方与之订立合同,进行交易。但是,有的不法投标人相互串通投标报价,共同排挤其他投标人;有的投标人与招标人相互勾结,以排挤竞争对手。上述行为,违反了公平竞争原则,严重扰乱了市场经济管理秩序,损害了招标人或者其他投标人以及国家、集体、公民的合法权益,应当给予刑事处罚。

需特别注意的是,只有招标人和投标人,才能构成串通投标罪。根据《招标投标法》第8条和第25条的规定,招标人是依照本法规定提出项目、进行招标的法人或者其他组织;投标人是响应招标、参加投标竞争的法人或者其他组织。依法招标的科研项目允许个人参加投标的,投标的个人适用本法有关投标人的规定。由此可见,此处的招标人、投标人既可以是个人,也可以是单位。在建设工程招投标中,工程的建设单位,即发包方,一般属于招标人;承包方,即施工单位,一般属于投标人。在政府采购招投标中,采购人、采购代理机构及其工作人员应属于招标人,而供应商则属于投标人。

在上述案例中,张志文等24名自称来自全国各地建筑工程公司的代表,在参加温州经济技术开发区滨海园区起步区第二标段、温州南塘大道第二、三标段等三个市政工程项目投标中,为保证自己的利益,相互订立"攻守同盟",串通让其中一家公司中标,然后从中标公司分取所谓的"合理利润",严重损害了招标人或其他投标人的合法权益,情节严重,已构成串通投标罪,理应受到法律的严惩。

二、串通投标罪的行为方式

串通投标罪,要求行为人必须实施了非法串通投标行为,也就是在招标投标过程中,投标人之间相互串通、联合行动,抬高标价或压低标价,迫使招标人在串通所预谋的范围内发标,共同损害招标人以及其他投标人利益,或者意欲中标的投标人和招标人恶意串通,相互勾结,事先泄露标底或竞价程序,排挤其他投标人而不正当中标,从而非法获取巨额利益的不正当竞争行为。它通常表现为以下两种行为方式:

第十五讲　串通投标罪

（一）投标人相互串通投标

投标人彼此之间通过口头或书面协议、约定，就投标报价互相通气，以避免相互竞争，或协议轮流在类似项目中中标，共同损害招标人或其他投标人的利益的行为，投标人相互串通投标主要有以下几种表现形式：

1. 投标人间相互约定，一致抬高投标报价；
2. 投标人之间相互约定，一致压低投标报价；
3. 投标人之间约定，在类似项目中轮流以高价位或低价位中标；
4. 投标人之间相互串通，约定给没有中标或弃标的其他投标人以"弃标补偿费"。

❖关联案例❖2005年10月9日，无锡土地收购储备中心通知了有关各方参加原TCL数码科技（无锡）有限公司房屋拆房招标会。为了使自己公司能够低价中标，同年10月9日晚，无锡市金银拆房有限公司法定代表人张某某伙同邢某某召集王某某、苏某某、谢某某、尤某某等人，采用向各参加投标单位支付人民币10万元到30万元不等好处费的利诱手法，要求他们在填写标书报价时不得高于80万元。收取张某某好处费的10名被告人当场允诺照办。投标时，其他单位标书中的报价均为81万元以下，无锡市金银拆房有限公司最终以92万元的低价如愿中标。中标后，张某某给了邢某某15万元，给了苗某某、谢某某各10万元。

2007年1月11日，江苏省无锡市崇安区人民法院判处无锡市金银拆房有限公司等4家被告单位犯有串通投标罪，并处10万元至15万元不等的罚金；并以串通投标罪判处张某某等10名被告人有期徒刑10个月至2年，缓刑1年至2年不等的刑期，并处10万元至15万元不等的罚金。同时，各被告人所得赃款予以追缴。①

在本案中，无锡市金银拆房有限公司等多家单位及个人以非法手段相互串通投标报价，扰乱了招投标活动秩序，损害了招标人和其他投标人的利益，属情节严重，其行为已构成了串通投标罪。

（二）投标人与招标人串通投标

投标人与招标人串通投标，就是指招标人与特定投标人在招标投标活动中，以不正当手段从事私下交易，使公开招标投标流于形式，共同损害国家、

---

① 参见《非法串通报价扰乱投标秩序　无锡四单位十责任人受处罚》，载 http://www.court.gov.cn/news/bulletin/region/200701120010.htm。

集体、公民（包括其他投标人）的利益的行为。投标人与招标人串通投标行为主要表现为：

1. 招标人故意泄露标底。即招标人有意向某一特定投标人透露其标底行为；

2. 招标人私下启标泄露，即招标人在公开开标之前，私下开启投标人标书，并通告给尚未报送标书的投标人；

3. 招标人故意引导促使某人中标。即招标人在要求投标人就其标书作澄清事实时，故意做引导性提问，以促成该投标人中标；

4. 招标实行差别对待，即招标人在审查、评选标书时，对同样的标书实行差别对待，或对不同的投标人实施差别对待；

5. 招标人故意让不合格投标人中标。即招标人允许不符合投标资格的投标人参加投标，并让其中标；

6. 投标人贿赂获密，即投标人通过贿赂手段，在公开开标之前，从招标人处获取投标人报价或其他投标条件的行为；

7. 投标人给招标人标外补偿，即投标人有意与招标人商定，在公开投标时压低标价，中标后再给招标人以额外补偿；

8. 招标人给投标人标外偿金。即招标人与某投标人商定，在公开投标时，故意抬高标价，使标价高于通常价，而致其他投标人上当吃亏。高价定标后，招标人按约定给故意抬高标价的投标人一定的补偿金。

◈**关联案例**◈ 乐清市第三人民医院门诊、病房综合楼工程是乐清市重点工程项目。2002年下半年，该工程向社会开始招标，前来参加投标的建筑公司达100多家。南存艮时任乐清市第三人民医院副院长兼工程基建领导小组办公室副主任，他朋友的儿子郑甫为投标的事找到了他。郑甫许诺如果自己中标，他将把承建该工程总管理费的1/4给南存艮作为酬劳，同时给该工程的具体标底编制人、南存艮的侄子南胜宇也有一定的好处。此后，在南存艮的关照下，郑甫挂靠的7家建筑公司顺利进入了第二轮。在最后入围的竞标队伍中，郑甫的队伍占了3支，以及黄成乐的2支队伍。这时黄成乐向南存艮叔侄承诺，如中标就给100多万元好处费，并给了10万元"定金"。为了将更精确的标底内容泄露给黄成乐，南胜宇用"神机妙算"软件制作成的标底机密存于U盘内，由南存艮传递给了黄成乐。招标中，郑甫的工程队中标。正当南存艮叔侄俩幻想着如何向郑甫索要"好处费"时，事情却很快败露了。2003年5月6日，南存艮被乐清市纪委"双规"，南胜宇同时被公安机关拘捕。同年5月底，出逃的郑甫、黄成乐等犯罪嫌疑人相继落网。

2007年7月，乐清市人民法院以受贿罪、串通投标罪判处南存艮有期徒刑 10 年，并处罚金 5 万元。郑甫因串通投标罪判处有期徒刑 1 年，缓期 2 年，并处罚金 5 万元。黄成乐因串通投标罪判处有期徒刑 1 年 6 个月，缓期 2 年，并处罚金 5 万元。①

在本案中，南存艮作为招标单位的直接负责人，被告人郑甫、黄成乐作为投标人，违反国家规定，在招投标过程中，南存艮以故意泄露标底，郑甫、黄成乐以允诺或许诺好处等方式互相串通，情节严重，严重损害了国家集体利益，扰乱了市场管理秩序，依法应当以串通投标罪予以严惩。

另外，串通投标罪采取的行为手段也呈现多样化，它可以是利诱、胁迫、贿赂或者其他串通手段。所谓利诱，是指在招标投标过程中，投标人意图中标而与其他投标人串通，采取的私下许诺给予不正当利益而诱使他人放弃竞标。所谓胁迫，是指在招标投标过程中，投标人或招标人采用威胁恫吓的精神强制方法，使招标人或其他投标人不得不屈从，而一起串通，从而达到其排斥其他投标人或限制投标的目的。所谓贿赂，是指投标人或招标人在招标投标过程中，为了达到其非法获利的目的，采取向主管该项招标投标工作的公职人员或招标活动的直接责任人员与主管人员提供利益的手段。所谓其他串通手段，是指招标人或投标人采取达成默契或其他欺骗方法，妨害招标投标公平竞争原则从而获取非法利益的手段。

三、律师提示

（一）串通投标罪与非罪的界限

根据《刑法》第 223 条规定，投标人相互串通投标报价，损害招标人或其他投标人利益，或投标人与招标人串通投标，损害国家、集体、公民的合法权益，只有达到"情节严重"，才构成本罪。那么何谓"情节严重"呢？根据最高人民检察院、公安部《关于经济犯罪案件追诉标准的规定》第 68 条规定，投标人相互串通投标报价，或者投标人与招标人串通投标，涉嫌下列情形之一的，应予追诉：（1）损害招标人、投标人或者国家、集体、公民的合法利益，造成的直接经济损失数额在 50 万元以上的；（2）对其他投标人、招标人等投标活动的参加人采取威胁、欺骗等非法手段的；（3）虽未达到上述数额标准，但因串通投标，受过行政处罚两次以上，又串通投标的。因而，只有行为人的行为符合上述标准之一的，才构成串通投标罪；否则虽然实施了串通

---

① 参见《乐清腐败副院长被判十年徒刑》，载 http：//www.wzdsb.com.cn/gb/content/2004-04/02/content_73619.htm。

投标行为，也不构成本罪，只能作为违反《招标投标法》或者《反不正当竞争法》的一般违法行为，由相应的政府主管部门进行行政处罚。

(二) 前招标阶段的串通行为是否属于串通投标行为

串通投标行为，通常发生在招标投标过程中，但是否就可以认为招标投标准备阶段中的串通行为，就不属于串通投标行为呢？例如，在实践中经常出现的是，某一地块土地使用权的出让尚未决定进行公开拍卖，但是某一对此地块有投资意向的企业就事先和地块的开发权人（往往是政府）进行联系，双方事先谈好对开发权人的补偿条件后，由开发权人在向土地招标部门设置的招标条件中拟订对该企业十分有利的招标条件（例如，可能该企业是唯一在该地区投资 5 年以上的企业，因此在招标条件中明确规定只有在该地区投资 5 年以上，才可以参与投标）。这类串通行为实际上是损害了国家的利益而满足地方政府的地方利益。有时，甚至是某些地方政府的领导人从中牟取了私利。因而，从确保招投标领域的公开、公平和公正原则的角度出发，对于这类发生在前招标阶段的串通行为，如果情节严重，也应当视为串通投标行为，构成串通投标罪，追究相关责任人的刑事责任。

(三) 串通拍卖行为是否构成串通投标罪

在现实经济生活中，存在着一种与串通投标非常类似的行为，即串通拍卖行为。所谓"串通拍卖"就是指竞买人之间、竞买人与拍卖人之间恶意串通，故意压低或抬高应价，从而损害委托人或其他竞买人利益的行为。串通投标与串通拍卖均属扰乱市场秩序的行为，并且均实施了串通行为，因而，在司法实践中，常常容易混淆。但事实上，串通投标行为与串通拍卖行为是两种不同的行为。串通投标通常表现为投标人相互串通投标报价，损害招标人或者其他投标人的利益，或者投标人与招标人串通投标，损害国家、集体、公民利益的行为。而串通拍卖行为则通常表现为竞买人之间、竞买人与拍卖人之间相互串通，压低或抬高应价，从而损害委托人或其他竞买人利益的行为。另外，根据《拍卖法》第 65 条规定，对于串通拍卖行为，即"违反本法第三十七条的规定，竞买人之间、竞买人与拍卖人之间恶意串通，给他人造成损害的，拍卖无效，应当依法承担赔偿责任。由工商行政管理部门对参与恶意串通的竞买人处最高应价 10% 以上 30% 以下的罚款；对参与恶意串通的拍卖人处 10% 以上 50% 以下的罚款"。因而，行为人即使实施了串通拍卖行为，也不构成串通投标罪，而应由工商行政管理部门对其进行行政处罚。

❖**关联案例**❖2005 年 9 月 5 日，崔某缴纳 20 万元保证金报名参与海安某房地产拍卖竞买。次日拍卖会开始前，李某、周某召集参加竞买人员，谈妥其他竞买人在拍卖中不举牌竞价，拍卖会结束后，买受人将出资贴钱给各竞买人。拍卖会上，崔某领取了号牌未举牌竞价。致使李某以240万元成交，成为买受人。拍卖会结束当天，崔某凭保证金收据从李某处得款3万元。南通市海安工商行政管理局认为崔某的上述行为属恶意串通拍卖行为，已违反了《拍卖法》第37条的规定，于2006年2月28日，对崔某作出罚款4.5万元的行政处罚决定。①

（四）串通投标罪的量刑

依照《刑法》第223条的规定，犯本罪的，处3年以下有期徒刑或拘役，并处或者单处罚金。

依照《刑法》第231条的规定，单位犯本罪的，对单位判处罚金，并对其直接负责的主管人员和其他直接责任人员，依照《刑法》第223条的规定处罚。

❖关联法律规定❖

《刑法》第二百二十三条 【**串通投标罪**】投标人相互串通投标报价，损害招标人或者其他投标人利益，情节严重的，处三年以下有期徒刑或者拘役，并处或者单处罚金。

投标人与招标人串通投标，损害国家、集体、公民的合法利益的，依照前款的规定处罚。

第二百三十一条 单位犯本节第二百二十一条至第二百三十条规定之罪的，对单位判处罚金，并对其直接负责的主管人员和其他直接责任人员，依照本节各该条的规定处罚。

最高人民检察院、公安部《关于经济犯罪案件追诉标准的规定》（2001年4月18日实施）

六十八、串通投标案

投标人相互串通投标报价，或者投标人与招标人串通投标，涉嫌下列情形之一的，应予追诉：

1. 损害招标人、投标人或者国家、集体、公民的合法利益，造成的直接经济损失数额在五十万元以上的；

---

① 参见《非法得三万 被罚四万五》，载 http：//news.sina.com.cn/c/2007-01-18/080411028170s.shtml。

2. 对其他投标人、招标人等投标招标活动的参加人采取威胁、欺骗等非法手段的；

3. 虽未达到上述数额标准，但因串通投标，受过行政处罚二次以上，又串通投标的。

第五篇
知识产权保护中的刑法风险及其防范

第十六讲　侵犯商业秘密罪

　　随着民营企业竞争的日益激烈，技术秘密、客户资料等商业秘密成为了企业制胜的一大法宝。但由于目前企业对商业秘密缺乏有效的保护，往往伴随着人才的流动而泄密。据有关统计，80%的商业秘密是被职工跳槽时带走的。保护商业秘密的安全，已经成为了民营企业发展不容忽视的一个重要问题。

【裴国良侵犯商业秘密案】 2000年1月，原西安重型机械研究所（以下简称西重所）与辽宁省凌钢公司签订了凌钢二号板坯连铸机主体部分工程，并于2001年6月投产。2001年10月，原西重所高级工程师裴国良工作时看到这一工程的设计图纸，即擅自将图纸拷贝到自己的电脑中。2002年8月，裴国良离开西重所到中冶连铸公司担任副总工程师。随后，中冶连铸公司与山东和四川两家企业签订生产合同，总价值近1.5亿元，裴国良担任两个项目技术负责人。裴国良在返回西安时将西重所为凌钢二号主体工程设计的电子版图纸带回武汉的中冶连铸公司，该公司设计人员利用该图纸，在短期内就完成了四川和山东的两个项目设计。2003年7月，西重所技术人员在西安冶金制造有限责任公司发现中冶连铸公司委托该厂加工的四川和山东两家企业设备图纸中有西重所的标题和标号，遂向公安机关报案，称其商业秘密被侵犯。经西安市公安局立案侦查，鉴定结论为：中冶连铸公司为四川、山东两家企业设计的产品图纸，与西重所设计的图纸从装配图和零件所表现的结构功能来看并无本质区别；西重所凌钢二号板坯连铸机技术符合商业秘密中技术秘密的法定技术条件，裴国良的行为给西重所造成的经济损失至少为1782万元。

2006年1月，陕西省西安市中级人民法院一审判决，被告人裴国良犯侵犯商业秘密罪，判处有期徒刑3年，并处罚金5万元；裴国良及中冶连铸公司共同赔偿西重所经济损失1782万元。一审宣判后，裴国良提起上诉。陕西省高级人民法院审理认为，裴国良的行为造成了特别严重的后果，已构成侵犯商业秘密罪，原审判决定罪准确，量刑适当，审判程序合法，裁定驳回上诉，维持原判。①

一、什么是侵犯商业秘密罪

根据《刑法》第219条的规定，侵犯商业秘密罪，是指采取不正当手段，获取、披露、使用或者允许他人使用权利人的商业秘密，给商业秘密权利人造成重大损失的行为。

商业秘密作为知识产权的一种，根据刑法规定，是指不为公众所知悉、能为权利人带来经济利益、具有实用性，并经权利人采取保密措施的技术信息和经营信息。它既包括作为技术信息的设计、程序、产品配方、制作工艺、制作方法等，也包括作为经营信息的管理方法、客户名单、货源情报等。并非所有的技术信息和经营信息都能成为商业秘密，商业秘密具有自身的特征，信息要成为商业秘密必须同时具备以下三个要件，具体表现为：

---

① 参见《陕西一副总工程师被判刑三年》，载《人民法院报》2006年10月20日第4版。

1. 秘密性

即不为公众所知悉,是指该信息是不能从公开渠道直接获取的。秘密性是商业秘密区别于专利以及其他知识产权的本质特征。这种秘密性是相对的,也就是说某一商业秘密仅为业务需要而被内部职工或被供应商、销售商等合作者小范围的人群所知悉。把握有无秘密性的标准是看某信息是否能从公开渠道直接获得,权利人对该信息既未公开传授,也未通过任何传媒公布,更没有在任何出版物上发表,即可视为秘密性。商业秘密一旦被泄露,也就无密可保,更谈不上为权利人带来经济价值。因此,已为社会公知公用的通用技术和普通经营方法不属于商业秘密的范畴。

2. 实用价值性

即商业秘密是可实际应用的,能为权利人带来经济效益的。法律不保护不能应用、无价值的商业信息。实用性要求商业秘密必须具有现实的使用价值,是确定的、完整的、具体的、可应用的方案,而不应仅是原理性的或抽象的。如果产品设计仅停留在构思、草图阶段,而未形成一个完整的、可实施的设计方案,是不能作为商业秘密予以法律保护的;价值性体现在经营者拥有商业秘密,其在生产、经营、科研、管理等竞争中先人一步,拥有了比其他竞争者更强的竞争能力,可为权利人带来经济利益。价值性包括现实的实在的经济利益,也包括潜在的通过将来使用而体现出来的经济利益。

3. 保密性

即商业秘密必须经权利人采取保密措施。保密性是认定商业秘密的关键问题,权利人如果没有采取相关保密措施,导致泄密,那么商业秘密的价值就减少了,秘密也不为秘密了。保密措施一般包括:限定知悉商业秘密人的范围;使用专人或专门工具、场所进行保管;制定保密规则,与相关人员订立保密协议,等等。

上述案例中,裴国良利用工作便利盗窃原单位西重所商业秘密,并提供给中冶连铸公司使用,严重侵害了西重所的无形财产专有权和市场管理秩序,其行为已构成侵犯商业秘密罪。

二、侵犯商业秘密罪的行为方式

在市场经济条件下,商业秘密往往是企业在激烈竞争中得以胜利的一大利器。掌握商业秘密的企业一般能够在市场竞争中获得相对的优势,而往往处于劣势的竞争对手,则千方百计地想采取各种手段,甚至包括违法犯罪手段,去削弱对手,而获取对方的商业秘密,则是经常采取的手段之一。因而,了解侵犯商业秘密罪的行为方式,对于企业保护自身的合法权益,规避市场竞争中的刑法风险具有重大意义。根据我国刑法规定,侵犯商业秘密罪的行为方式,主要包括以下几种类型：

（一）以不正当手段获取商业秘密的行为

《刑法》第219条第1款第1项规定：以盗窃、利诱、胁迫或者其他不正当手段获取权利人商业秘密的行为，即不正当手段获取商业秘密的行为。盗窃，是指行为人采取秘密窃取的方法获取权利人商业秘密的行为。所盗窃的既可以是原件，也可以是复制件，可以是自己以秘密的方式加以复制如偷拍、偷录等，也可以是偷阅权利人的商业秘密之后，再凭大脑的记忆把该商业秘密再现出来；利诱，是指以高薪、金钱、物质、工作条件、帮助解决户口、调动工作、就业、学习、留学等物质或物质性利益甚或女色等为诱饵使了解商业秘密的合营者、保管者、知情人等向其泄露商业秘密；胁迫，是指以杀害生命、伤害身体、加害亲属、毁坏财产、揭露隐私、损害名誉、解除职务、克扣工资、开除工作等相要挟、恐吓，致使商业秘密的知情者向其泄露商业秘密；至于其他不正当手段，则是指除上述盗窃、利诱、胁迫以外的诸如收买、骗取等不正当手段。

❖关联案例❖法国HEF公司是一家从事机械零部件表面高技术处理的公司，上海舍福表面技术有限公司（以下简称舍福公司）为该法国公司的全资子公司。1998年7月，舍福公司获法国公司授权，使用金属表面热处理技术，并形成规模化生产能力。2001年2月至5月，舍福公司总经理许某与市场部经理魏某某共谋成立从事金属表面热处理的上海欧本表面处理技术有限公司（以下简称欧本公司）。同年3月，许某以舍福公司的"硫氮碳共渗盐浴炉的温度控制采用加热室和盐浴的双重控制温度技术"要求向舍福公司的设备供应商浙江一电炉厂定制3台电炉，于同年6月交付欧本公司使用。许某作为欧本公司总经理，负责欧本公司经营、管理，魏某某任副总经理，具体负责质量控制等事务。许、魏以高薪等利诱舍福公司技术部经理李某某至欧本公司任职。同年8月，李某某利用其担任舍福公司技术部经理的工作便利，将该公司《作业指导书》、《质量管理手册中的程序文件》、《工艺流程卡》等文件复制在电脑软盘中，随即向舍福公司辞职，至欧本公司担任技术质量部经理。之后，许某、魏某某以低价揽取了原由舍福公司承接的客户公司的业务。魏某某、李某某按照窃取的上述主要文件的技术要求，编制了欧本公司的相关文件。2001年7月至2003年12月，许某、魏某某、李某某利用掌握的舍福公司的材料表面盐浴氮化、氧化处理技术以及按照舍福公司技术要求定制的盐浴炉等工具设备，为上海及浙江的多家单位进行金属表面热处理加工业务，共获利人民币97万余元，造成舍福公司重大损失。法院经审理以侵犯商业秘密罪，判处被告人魏某某有期徒刑1年3个月，并处罚金人民币50万元；以相同罪名判处被告人李某某有期徒刑1年，缓刑1年，并处罚金5万元。①

在本案中，以秘密窃取手段获得了舍福公司的商业秘密，被告人魏某某通过利诱的手段与李某某共同侵犯了舍福公司的商业秘密，给商业秘密权利所有人舍福公司造成重大损失，其行为均已构成侵犯商业秘密罪，依法应予惩处。

（二）滥用通过不正当手段获取的商业秘密的行为

《刑法》第219条第1款第2项规定，披露、使用或者允许他人使用以前项手段获取的权利人的商业秘密的行为，即滥用不正当手段获取商业秘密的行为，是不正当手段获取商业秘密行为的自然延伸和补充。所谓"披露"，是指通过各种方式向他人泄露以前项手段获取的商业秘密。有的采取口头告知如当面告诉、电话告知等；有的采取书面、样品展示等方式，如提供商业秘密的原件、复制件、用信件告知其内容等；有的采取让其阅读、抄录、复制商业秘密等。"披露"并不需要以社会公众所知晓为必要，一个人知晓或多数人知晓或者说公开的程度如何，并不影响犯罪行为的成立。只要通过其行为能让他人了解，获知商业秘密，不管其方式和程度如何，都应以"披露"论处。所谓"使用"，是指行为人将自己非法获得的商业秘密在各种有用的场合加以运用。可用于生产经营或销售等方面，如用技术秘密生产产品，用技术秘密进行维修服务，利用客户名单秘密开展业务。"允许他人使用"，是指行为人允许将其以不正当手段获得的商业秘密供给他人使用。这种允许使用可以是有偿的，如行为人冒充商业秘密的权利人和他人签订技术实施许可合同，从中收取使用费，甚至还要求对方履行保密义务；这种允许使用也可以是无偿的，如基于朋友、亲戚、商务关系或其他利害关系，将商业秘密无偿提供给他人使用。

（三）滥用合法获取的商业秘密的行为

《刑法》第219条第1款第3项规定：违反约定或者违反权利人有关保守商业秘密的要求，披露、使用或者允许他人使用其所掌握的商业秘密的行为，即为滥用合法获取的商业秘密的行为。这其实是商业秘密的违约行为，违反约定或违反权利人有关保守商业秘密的要求是本行为的前提，如果没有违反约定也没有违反权利人有关保守商业秘密的规定，而是按权利人的保守约定、要求的范围披露、使用或者允许他人使用其所掌握的秘密则不能以本行为论处。

◈**关联案例**◈ 赵某是锦州市一生产汽车设备公司的车间主任，掌握该公司

---

① 参见《另起炉灶揽业务牟利　公司经理侵犯商业秘密获刑》，载 http://www.sipo.gov.cn/sipo2008/albd/2009/200902/t20090203_439726.html。

的技术信息。2003年5月,赵某与这家公司签订了保密合同,负有保守企业秘密的义务。后因对该公司为其工作安排、福利待遇不满,产生"跳槽"之念,多次与该公司的客户上海某公司联系,双方商定利用锦州公司的技术为上海公司生产器材,并由上海公司为其提供报酬。2004年三四月间,赵某安排他人为上海公司安装有关生产设备,还亲自到上海公司进行现场指导。2005年7月,锦州某公司对赵某提起涉及商业秘密的诉讼。法院经审理认定被告人赵某犯侵犯商业秘密罪,判处有期徒刑1年,并处罚金人民币5000元。①

在本案中,赵某为锦州某公司职工,明知公司的生产技术不为公众所悉、能为公司带来经济利益,应采取保密措施,却故意违反权利人有关保护商业秘密的要求,向其他公司披露、使用其所掌握的生产技术,给该公司造成重大损失;尤其是赵某在与单位签订保密合同后,仍然故意侵犯单位商业秘密,主观恶性较深,其行为已构成侵犯商业秘密罪。

(四)第三人恶意侵犯商业秘密的行为

《刑法》第219条第2款规定:"明知或者应知前款所列行为,仍获取、使用或者披露他人的商业秘密的,以侵犯商业秘密论处"的行为,即为第三人侵犯商业秘密的行为,又称间接侵犯商业秘密的行为。此类行为的主体是第三人,第一人指的是商业秘密权利人,第二人指的是前述三种直接侵犯商业秘密的人,第三人则是直接获取权利人的商业秘密的行为人以外的间接侵犯商业秘密的人。第三人尽管没有直接侵犯第一人的商业秘密,但他在明知或应知第二人的行为侵犯了第一人的商业秘密的情况下,仍然获取、使用或者披露第一人的商业秘密。这里需要强调的是,此类行为的第三人主观必须是"恶意"的,所谓"恶意",就是指对明知或者应知向其传授商业秘密的人有非法获取行为或违背保密义务的行为,不但没有拒绝、制止或向有关机关举报,反而故意获取、使用或披露他人的商业秘密,与直接侵犯商业秘密行为相比,同样具有严重的社会危害性,应当依照刑法追究其刑事责任。

三、律师提示

(一)侵犯商业秘密罪与非罪的界限

根据刑法的规定,行为人实施侵犯商业秘密的行为,要给权利人造成了重

---

① 参见《不可小视的侵犯商业秘密罪 锦州警官以案说法》,载 http://www.nen.com.cn/78011449502334976/20061016/2038084.shtml。

大损失的后果，才构成犯罪。因此，"造成重大损失"是区分侵犯商业秘密罪与一般侵犯商业秘密违法行为的标准。根据最高人民检察院、公安部发布的《关于经济犯罪案件追诉标准的规定》的相关规定，给权利人造成直接经济损失在50万元以上的，或者致使权利人破产或造成其他严重后果的，为"造成重大损失"，才构成侵犯商业秘密罪；如果没有达到上述标准，虽然实施了侵犯商业秘密的行为，也不构成本罪，但权利人可以通过民事诉讼途径，要求侵犯人承担民事赔偿责任，并可以要求相关行政部门依据《反不正当竞争法》的规定，对侵犯人进行行政处罚。

（二）如何区分侵犯商业秘密罪与合法取得商业秘密的行为

商业秘密虽然具有秘密性，但并不意味着只有商业秘密的所有人才可以知悉该商业秘密，其他人也完全可以通过合法的行为获得商业秘密。在实践中，行为人掌握与他人相同的商业秘密并不一定就构成对他人商业秘密的侵犯。在下列情况下，行为人的行为不但不能构成侵犯商业秘密罪，而且是完全正当的：

1. 行为人独立研制而获取。商业秘密的专有性是相对的而不是绝对的，某一权利人获取商业秘密并不能排除其他人通过研究开发获得同样的商业秘密，行为人独立研究开发出来的与权利人相同的商业秘密，属于合法取得。

2. 通过权利人的转让而获取。商业秘密是一种无形资产，权利人当然可以将其商业秘密转让给他人。

3. 合资、合作或联营获取。行为人可以通过与商业秘密的权利人进行合资、合作或联营，共同举办合资、合作或联营企业，允许对方商业秘密作价入股，获得对方商业秘密的使用权。

4. 通过分析公开信息而获取。通过对公开发行的报刊、杂志或公开使用的产品、信息或通过对其他公共场所进行观察分析，从而知晓了商业秘密的内容也属于合法取得的范畴。

5. 由于权利人疏忽泄露而获取。商业秘密的秘密性主要是依靠权利人采取保密措施而得以维持的。如果由于权利人不谨慎或保密措施不当，致使商业秘密被泄露，他人因此而获得并使用该商业秘密也属于正当取得。

6. 实施"反向工程"而获取。"反向工程"，是一种技术术语，是指通过对产品进行解剖和分析，从而得出其构造及制造方法或工艺，最终破解权利人的商业秘密的一种技术手段。由"反向工程"得到的他人的商业秘密可以构成进行"反向工程"的行为人自己的商业秘密，原权利人无权干涉。有一点必须注意，通过这种途径获取商业秘密的必要前提是产品的获得途径必须是合法的。

（三）侵犯不正当的商业秘密不构成本罪

现实中，有些企业往往通过一些不正当的商业行为形成了所谓的商业秘密，比如通过各种欺骗手段诱使客户填写个人信息，以此收集客户资料并将其作为一种商业信息卖给他人。这些虽未违反法律但却不遵循商业道德的行为所形成的秘密信息，法律原则上是不予以保护的。侵犯商业秘密罪所侵犯的对象应当是正当、合法的商业秘密，否则，不构成本罪。

（四）企业内部职工是本罪的多发群体

企业职工，特别是高级管理人员、工程技术人员，往往是掌握企业商业秘密的重要主体，同时也成为了"泄密"的主要源头。虽然有些企业与员工建立了内部保密机制，但常常形同虚设。职工一般在"跳槽"后受雇于其他企业或自立门户，擅自使用企业的商业秘密，从而引发了侵权行为。

❖**关联案例**❖ 前"华为"员工王志骏等3人曾参加了"华为"公司SDH光传输高科技的开发研制工作，后先后借故离开"华为"，并在上海成立上海沪科科技有限公司，且从"华为"挖走20多名技术人员。后"华为"向警方报案，法院最终认定王志骏等3人构成侵犯商业秘密罪。[①]

（五）侵犯商业秘密罪的量刑

根据《刑法》第219条的规定，犯侵犯商业秘密罪的，处3年以下有期徒刑或者拘役，并处或者单处罚金；造成特别严重后果的，处3年以上7年以下有期徒刑，并处罚金。

根据《刑法》第220条的规定，单位犯本罪的，对单位判处罚金，并对其直接负责的主管人员和其他直接责任人员，按照《刑法》第219条的规定进行处罚。

❖ **关联法律规定** ❖

《刑法》第二百一十九条　【侵犯商业秘密罪】有下列侵犯商业秘密行为之一，给商业秘密的权利人造成重大损失的，处三年以下有期徒刑或者拘役，并处或者单处罚金；造成特别严重后果的，处三年以上七年以下有期徒刑，并处罚金：

---

① 参见《王志骏等侵犯商业秘密案广东省深圳市南山区人民法院刑事判决书（2004）深南法刑初字第439号》，载 http://vip.chinalawinfo.com/Case/displaycontent.asp? gid = 117474058。

（一）以盗窃、利诱、胁迫或者其他不正当手段获取权利人的商业秘密的；

（二）披露、使用或者允许他人使用以前项手段获取的权利人的商业秘密的；

（三）违反约定或者违反权利人有关保守商业秘密的要求，披露、使用或者允许他人使用其所掌握的商业秘密的。

明知或者应知前款所列行为，仍获取、使用或者披露他人的商业秘密的，以侵犯商业秘密论。

本条所称商业秘密，是指不为公众所知悉，能为权利人带来经济利益，具有实用性并经权利人采取保密措施的技术信息和经营信息。

本条所称权利人，是指商业秘密的所有人和经商业秘密所有人许可的商业秘密使用人。

第二百二十条 单位犯本节第二百一十三条至第二百一十九条规定之罪的，对单位判处罚金，并对其直接负责的主管人员和其他直接责任人员，依照本节各该条的规定处罚。

最高人民检察院、公安部《关于经济犯罪案件追诉标准的规定》（2001年4月18日实施）

六十五、侵犯商业秘密案

侵犯商业秘密，涉嫌下列情形之一的，应予追诉：

1. 给商业秘密权利人造成直接经济损失数额在五十万元以上的；

2. 致使权利人破产或者造成其他严重后果的。

最高人民法院《关于审理盗窃案件具体应用法律若干问题的解释》（1998年3月17日）

第十二条 审理盗窃案件，应当注意区分盗窃罪与其他犯罪的界限：

（六）盗窃技术成果等商业秘密的，按照刑法第二百一十九条的规定定罪处罚。

第十七讲　假冒注册商标罪

　　商标是一种无形财产，商标专用权属于知识产权的范畴。在市场竞争中，商品生产者往往把商标特别是驰名商标作为参与市场竞争赢得消费者，获得利润的重要手段。但目前，一些企业、事业单位或个体工商业者，为了获取非法利润，不择手段，不仅假冒他人注册商标，特别是名牌产品的注册商标，而且还销售明知是假冒注册商标的商品，坑害用户和消费者，毁坏他人商品声誉，严重扰乱了市场竞争秩序。因而，民营企业无论是从自身的注册商标保护途径的角度，还是从避免触犯假冒注册商标罪的角度，均有必要了解假冒注册商标罪的相关规定。

【假冒"谭木匠"注册商标案】2002年5月,开县人李良中、谭平在"谭木匠"公司工作期间,见公司利润丰厚便商议另办企业生产梳子。2003年7月,李离开公司在广东东莞合伙创办立钧木业加工厂,生产、销售与原公司相同的梳子等木制品。2004年4月,"谭木匠"山西特许加盟商李卫东专程从北京赶赴东莞,找到两人提议生产假冒"谭木匠"梳子赚钱。随即3人密谋造假。李良中很快仿制出了与"谭木匠"同样的梳子4200余把。随后,李卫东和谭平将挂卡、合格证、价签和已打标的的梳子运至深圳市龙岗区包装为成品,发货至北京和太原李卫东经营的"谭木匠"专卖店销售。此外,他们还仿冒"谭木匠"的香珠、鞋扒等物品,与正宗产品一起上柜销售,非法营利达52万余元。2004年11月2日,"谭木匠"向万州警方报案。随后,涉案的李卫东、谭平、李良中落网。

2006年1月,重庆市万州区人民法院作出一审判决,认定3人已构成假冒注册商标罪,遂判处李卫东等3人有期徒刑3年至4年不等,并处罚金,对3人非法所得财物、被查获的假冒产品予以没收。宣判后3人均提起上诉,4月6日,重庆市第二中级人民法院作出终审裁定驳回上诉,维持原判。①

一、什么是假冒注册商标罪

根据《刑法》第213条的规定,假冒注册商标罪,是指违反商标管理法规,未经注册商标所有人许可,在同一种商品上使用与其注册商标相同的商标,情节严重的行为。

所谓商标,俗称"牌子",是指公司、企业、事业单位或个体工商业者用来标明其商品或服务项目的显著特征,并便于区别与他人所生产、销售的商品及其服务项目,而在商品或包装上以文字、图形、记号及其组合等形式制作的一种标志。它是商品生产者或经营者为了标明和维护其商品的质量信誉,防止他人假冒自己的商品,侵犯其经济权益所采取的一种必要手段,包括商品商标、服务商标、集体商标和证明商标。商标一经商标局核准注册,便成为注册商标,商标注册人便对其注册商标享有商标专用权,受到法律的保护,任何单位和个人不得假冒。

但是,要成为本罪所侵犯对象的"商标"必须符合下列三个条件:第一,是商品商标,而非服务商标、集体商标或证明商标等,即使有人假冒商品商标以外的注册商标,亦不构成本罪;第二,是已注册的商标,非注册的商标即使有人假冒,也不构成犯罪;第三,是他人的商标,对于自己使用的商标,自然

---

① 参见《克隆"谭木匠" 三内鬼被判刑》,载《华西都市报》2006年4月17日重庆10B版。

谈不上假冒；第四，是未超过有效期限的有效商标。根据我国商标法规定，注册商标的有效期限为 10 年。有效期满，需要继续使用的，应当在期满 6 个月内申请续展注册。如果期满 6 个月内未申请续展注册或者因违法被注销的商标，不能成为本罪对象。

在上述案例中，李卫东等 3 人未经"谭木匠"注册商标所有人许可，在同一种商品上使用与其注册商标相同的商标，情节严重，其行为已构成假冒注册商标罪，依法应予惩处。

二、假冒注册商标罪的行为方式

商标，特别是驰名商标，代表着商品生产者生产的商品的声誉，是企业的一种重要的无形资产。在市场经济条件下，保护商标和商标专用权，对于促进生产者保证商品质量，维护商标信誉，保护消费者权益，鼓励正当竞争，具有十分重要的意义。我国十分重视对注册商标专用权的保护，建立了以《商标法》为核心的立法保护体系，界定了属于商标侵权的各种情形，并依法予以打击。虽然商标侵权行为，都属于违法行为，应当承担相应的法律责任，但并不是所有的商标侵权行为，都是刑法上的假冒注册商标行为，构成假冒注册商标罪。刑法上的假冒注册商标行为，必须具有如下特征：

（一）使用他人已注册的商标

假冒注册商标行为，侵犯的是他人的商标专用权。在我国，对商标专用权的取得采用的是注册原则，即按申请注册的先后来确定商标权的归属，即谁先申请商标注册，商标权就授予谁。由于采用注册原则，只有注册商标才受《商标法》的保护，没有注册的商标则不在保护之列。因而，行为人只有使用了他人已注册的商标才构成本罪，如果使用的是他人未注册或超过注册有效期限的商标则不构成犯罪。

（二）在同一种商品上使用与他人注册商标相同的商标

"在同一种商品上使用与他人注册商标相同的商标"具体包含两方面意思：一方面，行为人使用商标的商品与注册商标的商品必须是同一种商品；另一方面，行为人所使用的商标与他人的注册商标相同。

所谓"同一种商品"，是指同一品种的商品或者是完全相同的商品。我国颁布的《商品分类（组别）表》中，对所有的商品按照类、组、种三个级次进行了详细分类，同种商品就是指同一种目下所列举的商品。

所谓"相同商标"，根据最高人民法院、最高人民检察院《关于办理侵犯知识产权刑事案件具体应用法律若干问题的解释》第 8 条第 1 款规定：《刑法》第 213 条规定的"相同的商标"，是指与被假冒的注册商标完全相同，或者与被假冒的注册商标在视觉上基本无差别、足以对公众产生误导的商标。根据这一解释，"相同的商标"可以分为两种，一种是完全相同的商标，另一种是基本相同的商标，就是假冒的商标与权利人的注册商标相比较，其文字的字形、读音、含义或者通行的构图及颜色，或者其各要素组合后的整体结构基本无差别，或者其立体形状、颜色组合基本无差别。

这里的"使用"，是指将注册商标或者假冒的注册商标用于商品、商品包装或者容器以及产品说明书、商品交易文书，或者将注册商标或者假冒的注册商标用于广告宣传、展览以及其他商业活动等行为。因此，《商标法》第 59 条规定："未经商标注册人许可，在同一种商品上使用与其注册商标相同的商标，构成犯罪的，除赔偿被侵权人的损失外，依法追究刑事责任。"

（三）"使用"行为未经注册商标所有人许可

行为人未经许可具体表现为：行为人没有取得权利人的同意，擅自进行假冒活动；行为人部分经过权利人同意，在超出同意的部分擅自生产，事后又不被权利人承认等。如果行为人是经许可使用他人注册商标的，只是没有按照《商标法》的规定在使用注册商标的商品上标明被许可人的名称和商品产地的，虽然这种行为违反了《商标法》，也会侵犯消费者的合法权益，但既然使用注册商标本身是被注册商标所有人许可的，就不能构成假冒注册商标罪。

三、律师提示

（一）假冒注册商标罪与非罪的界限

根据《刑法》第 213 条规定，行为人实施了假冒注册商标行为，必须达到"情节严重"才能构成犯罪。根据 2001 年 4 月 18 日最高人民检察院、公安部联合发布的《关于经济犯罪案件追诉标准的规定》第 61 条的规定以及 2004 年最高人民法院、最高人民检察院《关于办理侵犯知识产权刑事案件具体应用法律若干问题的解释》第 1 条第 1 款及第 15 条的规定，"情节严重"包含以下几种情形：第一，非法经营数额在 5 万元以上或者违法所得数额在 3 万元以上的。第二，假冒两种以上注册商标，非法经营数额在 3 万元以上或者违法所得数额在 2 万元以上的。对于以上两点，单位犯罪的，其定罪标准是个人假冒注册商标罪的定罪量刑标准的 3 倍。第三，假冒他人驰名商标或人用药品商标的。第四，虽未达到上列数额标准，但因假冒他人注册商标，受过行政处罚二次以上，又假冒他人注册商标的。第五，造成恶劣影响的。因而，只有行为人的行为符合上述标准之一的，才构成假冒注册商标罪；否则虽然实施了假冒注册商标的行为，也不构成犯罪，只能作为违反《商标法》的一般违法行为，由相关政府主管部门进行行政处罚。

（二）仿冒知名商品特有装潢的行为是否构成假冒注册商标罪

所谓"仿冒装潢"，是指用线条、色彩、图案以及文字等来仿冒他人装潢和包装，达到以假乱真，蒙骗消费者的目的。"装潢"是指为识别与美化而在商品或者包装上附加的文字、图案、色彩及其排列组合。有些知名商品特有的装潢实际上起到了区别说明商品的作用，人们有时反而不去注意该商品真正的注册商标，因此，仿冒知名商品装潢也可以造成消费者的混淆，损害消费者权益。但是装潢和商标二者是显著不同的，稍具商品知识的消费者是能分别的，并且根据刑法规定只有假冒他人注册商标的行为，才能构成假冒注册商标罪，而不包括仿冒装潢的行为，因而仿冒知名商品特有的装潢行为不应当认定为假冒注册商标罪。

但有一种情况除外：近年来，假冒名酒瓶贴图案欺骗消费者案件增多，因为名优酒类的特定名称以及瓶贴装潢起到了商标的作用，成为消费者认购的一种显著标志。为了加强对名优酒类商标专用权的保护，国家商标局根据企业的要求，已经将13家酒厂的名优酒（如"贵州茅台"酒、四川"五粮液"酒）的瓶贴装潢中起到商标作用的部分，作为商标予以注册，因此，任何单位和个人，对于假冒这13家名酒瓶贴的案件，应以假冒注册商标罪论处。

另外，对于仿冒知名商品装潢的行为，在《反不正当竞争法》第5条中已有规定，即对于擅自使用知名商品特有的名称、包装、装潢，或者使用与知名商品近似的名称、包装、装潢，造成和他人的知名商品相混淆，使购买者误认为是该知名商品的，监督检查部门应当责令其停止违法行为，没收违法所得，处以不同程度的罚款或吊销营业执照。所以，对于假冒他人知名商品上特有装潢的行为，造成混淆，使得消费者误认为是该知名商品的，应当按照《反不正当竞争法》的有关规定，追究行为人的民事责任或行政责任。

（三）"反向假冒商标"行为是否构成假冒注册商标罪

所谓的"反向假冒商标"，是指未经商标注册人许可，更换其注册商标并将该更换商标的商品又投入市场的行为。反向假冒的行为表现形式虽然与假冒注册商标行为不同，但同样侵犯了他人商标专用权，影响了商标功能的正常发挥，不但欺骗了消费者，损害了消费者的合法权益，而且还损害了他人的商品声誉，扰乱了市场竞争秩序。

◈关联案例◈1994 年 5 月，新加坡鳄鱼公司经销商以 230 元的单价购进北京市服装厂制作的枫叶牌西服，将附着于其上的"枫叶"注册商标更换成"鳄鱼"商标，然后在北京市百盛购物中心的"鳄鱼"服装专柜上以 560 元的单价出售给顾客，因此举被北京市服装厂察觉而起诉。①

在本案中，新加坡鳄鱼公司经销商未经北京市服装厂的许可，将其商品上的"枫叶"注册商标更换成"鳄鱼"商标，而进行销售，损害了北京市服装厂的合法权益，属于反向假冒商标的行为。但是，该行为是否构成假冒注册商标罪呢？根据《刑法》第 213 条的规定，假冒注册商标行为，是行为人未经注册商标所有人许可，在同一种商品上使用与他人注册商标相同的商标的行为，侵犯的是他人合法的注册商标专用权，行为直接指向的是他人的注册商标，其实质在于盗用或贬损他人商标声誉；而反向假冒商标行为则直接指向他人生产的产品，其实质在于盗用或贬损他人产品声誉，两者侵犯的对象显著不同。因而，反向假冒商标行为不属于刑法规定的假冒注册商标行为之一，不应以假冒注册商标罪追究反向假冒商标行为人的刑事责任。另外，《商标法》第 52 条第 4 项已明确规定："未经商标注册人同意，更换其注册商标并将更换商标的商品又投入市场的行为"，即反向假冒商标行为，也是侵犯他人注册商标专用权的行为。受害人可以要求工商行政管理部门责令其立即停止侵权行为，没收、销毁侵权商品和专门用于制造侵权商品的工具，并可处以罚款；受害人也可以向人民法院起诉，要求侵权人承担民事赔偿责任。

（四）如何区别假冒注册商标罪与生产、销售伪劣产品罪

◈关联案例◈2002 年 5 月份起，常某及其丈夫张某从黄某处拉来江口醇、泸州二曲、绵竹大曲等酒，并先后在成都市中和镇、双流县华阳镇出租房用上述原酒灌入真品的瓶子并粘贴真品商标的方式，生产假冒剑南春酒 100 余件、假冒全兴酒 50 余件、假冒泸特酒 20 余件、假冒五粮液酒 10 余件等。2002 年 12 月常某被公安机关依法逮捕。2003 年，四川省绵竹市人民法院以假冒注册商标罪判处常某有期徒刑 3 年零 6 个月，并处罚金 1 万元。②

在本案中，常某以江口醇、泸州二曲、绵竹大曲等酒翻装成剑南春、五粮液等酒出售，为何不是构成生产、销售伪劣产品罪而是假冒注册商标罪呢？这

---

① 参见冯晓晴：《标示权客体研究》，载 http：//www.fengxiaoqingip.com/ipluntan/lwxd - qt/20081109/2964_ 2. html。

② 参见最高人民法院民事审判第三庭：《知识产权审判指导与参考》（第 10 卷），法律出版社 2005 年版，第 299 页。

是因为：本案中常某用"江口醇"、"绵竹大曲"、"尖庄"等酒冒充"剑南春"、"全兴"、"五粮液"、"泸州"老窖特曲等酒并予以出售获利，其目的和主要行为方式是采用冒充他人注册商标而达到销售其他酒的目的，这里以假充真的是商标而不是产品，且"江口醇"、"尖庄"、"绵竹大曲"、"泸州"老窖二曲等酒本身并不是伪劣产品，因此，本案的罪名应为假冒注册商标罪。因此两罪的区别主要在于行为形式。

（五）如何认定非法经营的金额

在司法实践中，由于假冒注册商标罪的定罪是以非法经营数额的大小为依据的，那么如何确定非法经营数额成为衡量罪与非罪、轻罪与重罪的关键。依据最高人民法院、最高人民检察院《关于办理侵犯知识产权刑事案件具体应用法律若干问题的解释》第12条的规定，"非法经营数额"，是指行为人在实施侵犯知识产权行为过程中，制造、储存、运输、销售侵权产品的价值。具体计算方法视不同情况有三种：一是已销售的侵权产品的价值，按照实际销售的价格计算，而不能按被假冒的商品即真品的价格计算；二是对制造、储存、运输和未销售的侵权产品的价值，按照标价或者已查清的侵权产品的实际销售平均价格计算；三是侵权产品没有标价或者无法查清其实际销售价格的，按照被侵权产品的市场中间价格计算。至于被侵权产品的市场中间价格如何查明，实践中一般由公安机关或法院委托价格评估机构进行评估。

（六）假冒注册商标罪的量刑

根据《刑法》第213条的规定，犯假冒注册商标罪情节严重的，处3年以下有期徒刑或者拘役，并处或者单处罚金；情节特别严重的，处3年以上7年以下有期徒刑，并处罚金。

依照《刑法》第220条规定，单位犯本罪的，对单位判处罚金，并对其直接负责的主管人员和其他直接责任人员，依照《刑法》第213条个人犯本罪的规定处罚。

❖关联法律规定❖

《刑法》第二百一十三条 **【假冒注册商标罪】** 未经注册商标所有人许可，在同一种商品上使用与其注册商标相同的商标，情节严重的，处三年以下有期徒刑或者拘役，并处或者单处罚金；情节特别严重的，处三年以上七年以下有期徒刑，并处罚金。

第二百二十条 单位犯本节第二百一十三条至第二百一十九条规定之罪的，

对单位判处罚金，并对其直接负责的主管人员和其他直接责任人员，依照本节各该条的规定处罚。

最高人民检察院、公安部《关于经济犯罪案件追诉标准的规定》（2001年4月18日实施）

六十一、假冒注册商标案

未经注册商标所有人许可，在同一种商品上使用与其注册商标相同的商标，涉嫌下列情形之一的，应予追诉：

1. 个人假冒他人注册商标，非法经营数额在十万元以上的；
2. 单位假冒他人注册商标，非法经营数额在五十万元以上的；
3. 假冒他人驰名商标或者人用药品商标的；
4. 虽未达到上述数额标准，但因假冒他人注册商标，受过行政处罚二次以上，又假冒他人注册商标的；
5. 造成恶劣影响的。

最高人民法院、最高人民检察院《关于办理侵犯知识产权刑事案件具体应用法律若干问题的解释》（2004年12月22日实施）

第一条 未经注册商标所有人许可，在同一种商品上使用与其注册商标相同的商标，具有下列情形之一的，属于刑法第二百一十三条规定的"情节严重"，应当以假冒注册商标罪判处三年以下有期徒刑或者拘役，并处或者单处罚金：

（一）非法经营数额在五万元以上或者违法所得数额在三万元以上的；

（二）假冒两种以上注册商标，非法经营数额在三万元以上或者违法所得数额在二万元以上的；

（三）其他情节严重的情形。

具有下列情形之一的，属于刑法第二百一十三条规定的"情节特别严重"，应当以假冒注册商标罪判处三年以上七年以下有期徒刑，并处罚金：

（一）非法经营数额在二十五万元以上或者违法所得数额在十五万元以上的；

（二）假冒两种以上注册商标，非法经营数额在十五万元以上或者违法所得数额在十万元以上的。

第八条 刑法第二百一十三条规定的"相同的商标"，是指与被假冒的注册商标完全相同，或者与被假冒的注册商标在视觉上基本无差别、足以对公众产生误导的商标。

刑法第二百一十三条规定的"使用"，是指将注册商标或者假冒的注册商标用于商品、商品包装或者容器以及产品说明书、商品交易文书，或者将注册商标或者假冒的注册商标用于广告宣传、展览以及其他商业活动等行为。

第十五条 单位实施刑法第二百一十三条至第二百一十九条规定的行为，按照本解释规定的相应个人犯罪的定罪量刑标准的三倍定罪量刑。

第十八讲　销售侵权复制品罪

改革开放以来，我国的出版业得到了迅速发展，与此同时，制作、销售侵权复制品的现象从无到有、愈演愈烈，社会上各种非法盗版图书、音像制品泛滥成灾，个别企业为了追逐高额利润，也卷入到制作、销售侵权复制品的行列之中。随着我国加入WTO，国家对知识产权保护力度的不断加大，生产、销售侵权复制品的违法犯罪行为，也必将受到法律的严惩。因而，了解销售侵权复制品罪与非罪的界限，对于民营企业合法经营具有重大意义。

【顾然地销售侵权复制品案】 2002 年 10 月 18 日至 2004 年 7 月 1 日期间，美国公民 Randolph Hobson Guthrie III（中文名顾然地）在没有取得《音像制品经营许可证》和明知其销售的 DVD 系侵权复制品的情况下，在其上海住处内用电脑与国际互联网联网，通过 www.threedollardvd.com（简称三美元 DVD 网站）向境外发送销售 DVD 信息。境外客户在确认所需 DVD 名称、数量、价格和运费等，并向其指定的华夏银行上海分行、西联汇款中心账户汇款后，顾然地经金剑泳、谢春艳低价购进侵权复制的 DVD，然后通过超马赫运输公司、上海速递公司向境外发送。顾然地向境外销售的侵权 DVD 累计 13.3 万余张，销售金额折合为 330 万余元，违法所得 97 万余元。吴东、库迪、吴世彪均在明知顾然地销售侵权 DVD 的情况下，仍参与其中，分别为顾然地提供了收发货、联络客户、电脑管理、运输等帮助。吴东参与销售侵权 DVD 共计 13.1 万余张，参与销售的金额折合为 326 万余元，涉及违法所得 94 万余元，个人实际非法获利 1.2 万元；库迪参与销售侵权 DVD 共计 7 万余张，参与销售的金额折合为 175 万余元，涉及违法所得 38 万余元，个人实际非法获利 1.2 万余元；吴世彪参与销售侵权 DVD 共计 6 万余张，参与销售的金额折合为 151 万余元，涉及违法所得 23 万余元，个人实际非法获利 5 万元。案发后，公安机关在顾然地住处和吴世彪暂借的仓库内查获侵权 DVD 共计 11.9 万余张。

2005 年 4 月 19 日，上海市第二中级人民法院一审认定被告人顾然地、吴东等 4 人犯销售侵权复制品罪，判处有期徒刑 1 年至 2 年 6 个月不等，并处罚金或驱逐出境；违法所得财物和犯罪工具予以没收。一审宣判后，4 名被告人在法定期限内均未提出上诉，检察机关亦未抗诉，一审判决发生法律效力。①

一、什么是销售侵权复制品罪

根据《刑法》第 218 条的规定，销售侵权复制品罪，是指以营利为目的，违反国家著作权管理法律法规，销售明知是侵犯他人著作权的复制品，违法所得数额巨大的行为。

这里的"销售"，就是将侵权复制品向消费者出卖的行为。在销售形式上，销售行为包括批发、零售、代销、推销、贩卖等；既可以是市场销售，也可以是内部销售，甚至可以是网络销售。在实践中，行为人也会利用外贸关系销售侵权复制品。在销售环节上，销售行为必须包括买进并卖出。根据刑法规定，

---

① 参见《非法向境外销售盗版 DVD 十三万余片　美籍被告人顾然地等一审获刑》，载《人民法院报》2005 年 4 月 20 日第 1 版。

销售侵权复制品罪中的"销售"行为，应具有以下两个基本特征：（1）有偿性，即需要对方支付对价；（2）所有权转让，即将复制品的所有权通过销售而转让给他人。

销售的对象是"侵权复制品"，必须是侵犯他人著作权的复制品，如果销售的是侵犯他人专利权或商标权的复制品，则不构成本罪，但可能构成其他犯罪。另外，如果根据我国法律规定，不享有著作权的复制品，如内容淫秽、反动的作品的复制品，超过著作权保护期限的作品的复制品，即使销售了，也不构成本罪，但可能构成其他犯罪。

需特别注意的是，构成本罪，行为人主观上必须明知销售的产品是侵权复制品，并且必须具有营利的目的，即销售侵权复制品是为了谋取利润，如果不具有这一目的，而是出于盗用他人名誉或诋毁他人名誉的目的等，则不构成本罪。

上述案例中，顾然地销售明知是未经著作权人许可而复制的侵权音像复制品，违法所得97万余元，数额巨大，其行为构成销售侵权复制品罪。吴东、库迪、吴世彪虽然受雇于顾然地，但在明知顾然地大量销售侵权音像复制品后，仍为了获取一己私利，给顾然地提供各种帮助，是销售侵权复制品的共犯，均应依法惩处。

二、销售侵权复制品罪的行为方式

销售侵权复制品罪，就是明知是侵犯他人著作权的复制品而予以销售的行为，主要表现为以下四种行为方式：

（一）销售未经著作权人许可而复制发行的文字作品、音乐、电影、电视、录像作品、计算机软件及其他作品

"未经著作权人许可"，即指未经过著作权人的同意。著作权人一般指作者，也可能是其他依法享有著作权的公民、法人或非法人单位。根据《著作权法》规定，由法人或非法人单位主持，代表法人或非法人单位意志创作，并由法人或非法人单位承担责任的作品，法人或非法人单位视为作者，享有著作权；演绎作品著作权由演绎人享有，合作作品著作权由合作作者共同享有，如其中的作品可以单独或分割使用的，其作者可以单独享有著作权；电影、电视、录像作品的导演、编剧、作词、作曲、摄影等作者享有署名权，著作权其他权利由制片者享有，如果剧本、音乐等可以单独使用的，其作者有权单独行使其著作权。除法律规定的著作权权利限制情形除外，任何未经上述人员同意而使用其作品的，均属于未经著作权人许可的行为。

根据《著作权法》规定，复制是指以印刷、复印、拓印、录音、录像、翻录、翻拍等方式将作品制作一份或多份的行为；发行是指为满足公众合理需求，通过出售或赠与方式向公众提供作品的原件或复制件的行为。

如果行为人以营利为目的，销售了未经著作权人许可而复制发行的文字作品、音乐、电影、电视、录像作品、计算机软件及其他作品的，就可能构成销售侵权复制品罪。

❖**关联案例**❖ 付某自2000年1月以来一直在成都从事非法音像制品经营活动，以每张2.8元—15元不等的价格从苏某处买进盗版光碟，然后以每张5元—16元不等的价格出售，获利12万余元。2005年6月，公安机关从付某的经营窝点共查获各类音像制品126种22257张，经四川省音像制品鉴定组鉴定，其中有123种21912张属非法音像制品。

2006年，成都市武侯区人民法院认定被告人付某犯销售侵权复制品罪，判处有期徒刑10个月，并处罚金人民币6万元。①

本案中，付某以营利为目的，明知是盗版音像制品而予以销售，侵犯他人著作权，违法所得数额巨大，其行为已构成销售侵权复制品罪。

（二）销售未经图书专有出版权利人许可出版的图书

"出版"是指把作品编辑加工后，经过复制向公众发行的行为。出版实际上是一种特殊的复制发行。出版者出版图书，一般需要经著作权人授权而取得对作品的专有出版权。专有出版权是指出版者对著作权人交付的作品在合同规定的时间、地点以原版、修订版方式制作成图书并予以发行的独占权利。它是一种与著作权有关的重要权益，同样具有排他性，他人不得行使，否则构成侵权。如果行为人以营利为目的，销售了上述侵犯图书专有出版权的图书，俗称"盗版图书"的行为，则可能构成销售侵权复制品罪。

❖**关联案例**❖ 自2005年起，李某、任某二人租用太原市普国电子城商铺非法经营书店，并从北京、武汉等地购回盗版图书批发零售，从中牟取利润。2007年8月，二人又租用普国电子城临街的房屋做库房储存销售盗版图书。2008年1月9日，市新闻出版局会同公安部门依法查封了该库房，当场查获盗版图书656种1.4万余册，案值72万余元。

太原市小店区人民法院认定被告人李某、任某犯销售侵权复制品罪，判处

---

① 参见《非法销售盗版光碟 一被告人成都获刑》，载《人民法院报》2006年5月20日第4版。

有期徒刑 10 个月、5 个月,并处罚金人民币 37 万元。①

本案中,李某、任某明知是盗版图书而销售,非法牟利,违法所得巨大,依法构成销售侵权复制品罪。

(三)销售未经录音、录像制作者许可而复制发行的录音、录像制品

录音制品,就是指任何对表演的声音和其他声音的录制品;录像制品,就是指电影作品和以类似摄制电影的方法创作的作品以外的任何有伴音或者无伴音的连续相关形象、图像的录制品。录音、录像制作者即首次制作录音、录像制品的人,由于他们在制作录音、录像制品时,不仅投入了一定的人力、物力和财力,更付出了相当的独创性劳动,对其制作的录音、音像制品也依法享有许可他人复制、发行并获得报酬的权利,他人未经许可复制、发行其音像制品的,当然是对其权利的侵犯。如果行为人明知是未经录音、录像制作者许可而复制、发行的录音、录像制品,而以营利为目的进行销售,则可能构成销售侵权复制品罪。

(四)销售假冒他人署名的美术作品

假冒他人署名的美术作品,是指自己或请人制作而在其上面冒署其他人姓名的美术作品。假冒他人署名,是一种借他人之名非法牟利的行为,它不仅侵犯了他人的人身权(主要是署名权),而且必然会影响他人美术作品的销售,从而间接侵犯他人的财产权。同时这种行为还欺骗了社会公众,对文化市场秩序具有相当的危害。如果行为人以营利为目的,销售假冒他人署名的美术作品,则可能构成销售侵权复制品罪。

三、律师提示

(一)销售侵权复制品罪与非罪的界限

根据《刑法》第 218 条规定,行为人实施了销售侵权复制品行为,必须达到"违法所得数额巨大的"才能构成犯罪,那么如何在司法实践中认定本罪中的"违法所得数额巨大的"呢?根据 2004 年最高人民法院、最高人民检察院《关于办理侵犯知识产权刑事案件具体应用法律若干问题的解释》第 6 条及第 15 条的规定,以营利为目的,实施销售侵权复制品行为,违法所得数额

---

① 参见《销售盗版图书二人一审获刑》,载 http://www.shdf.gov.cn/newshtmt.html? id = 31757&newsType = 81。

在 10 万元以上的,属于"违法所得数额巨大的",单位犯罪的,其定罪标准是个人销售侵权复制品罪的定罪量刑标准的 3 倍。这里的"违法所得数额",是指行为人销售侵权复制品的实际获利数额,具体来说是销售金额减去销售成本和其他费用后的纯利润。因而,只有行为人的行为符合上述标准的,才构成销售侵权复制品罪;否则虽然实施了销售侵权复制品的行为,也不构成犯罪,只能作为违反《著作权法》的一般违法行为,由相关政府主管部门进行行政处罚。

(二)"销售"是否包括出租行为

在现实生活中,存在很多的不法分子,不直接出卖侵权复制品,而通过大量出租的方式以达到营利目的,特别是出租盗版碟、盗版图书的行为,非常猖獗。那么,这种出租行为是否构成销售侵权复制品罪呢?销售侵权复制品和出租侵权复制品,都能牟取非法利益,都在实际上造成了侵权复制品的传播和扩散,扰乱了文化市场秩序,损害了著作权人的合法权益。但是,销售和出租毕竟不是同一种行为,根据我国著作权法律的规定,销售侵权复制品中的销售不应包括出租行为。首先,出租与销售的含义具有明显区别。出租与销售是两种性质完全不同的民事行为,出租处分的是财产的使用权,而销售处分的是财产的所有权。因而,不能将出租行为等同于销售行为。其次,在《著作权法》中,出租与销售在词义的使用上始终处于并列的地位。《著作权法》第 10 条第 6—7 项规定:"(六)发行权,即以出售或者赠与方式向公众提供作品的原件或者复制件的权利;(七)出租权,即有偿许可他人临时使用电影作品和以类似摄制电影的方法创作的作品、计算机软件的权利,计算机软件不是出租的主要标的的除外。"在上述规定中,销售行为规定于发行之中,而出租行为被单列出来,二者具有明显区别。因此,出租侵权复制品的行为不能被认定为销售侵权复制品罪。但出租行为同样侵犯了著作权人的合法权益,因而,根据《著作权法》的相关规定,可以认定为一般违法行为,由相关行政主管部门进行行政处罚。

(三)商品促销中搭赠侵权复制品的行为是否属于销售行为

在商业竞争中,有的商家为了促销产品而经常搭赠另外一些产品,如某书店以购买一套精装本《二十五史》,就赠一套简装本《世界通史》的方式进行促销,反响热烈,获利巨大,但是读者在购买后却发现搭赠的简装本《世界通史》系盗版书籍。那么,这种在商品促销中搭赠侵权复制品的行为是否属于本罪中的销售行为呢?一般来说,销售行为应是有偿的,即购买方是要支付货币等对价的；如果是无条件的无偿赠送行为，由于受赠人不需要支付货币等对价，那么也就不是销售行为，所以也就不属于销售侵权复制品的行为，不构成销售侵权复制品罪。然而，在商品促销中搭赠侵权复制品的行为与在广告宣传中为了扩大商品的知名度而不附加任何条件的赠送行为存在本质区别。后者的最终目的虽然也是促销商品，但其在向消费者赠送商品时没有向消费者提出任何条件，因而是真正的赠与行为。而前者在向消费者赠送商品时，向消费者提出了潜在的条件，即只有购买销售方指定的商品，才能获得赠送的商品。因此，该行为在本质上是销售方销售商品的一种辅助手段，是其整体销售行为的组成部分。因此，商品促销中搭赠侵权复制品的行为，具有获利的目的，应属于本罪的销售行为，可以构成销售侵权复制品罪。

（四）行为人用侵权复制品偿还债务的行为是否属于销售行为

在实践中，还存在一种特殊的使用侵权复制品的方式，就是债务人用侵权复制品向债权人偿还债务，这种行为是否属于本罪中的销售行为呢？首先，销售行为应是有偿的，即出卖人转让产品所有权，购买人需支付货币等对价；而用商品偿还债务的行为在本质上也是有偿的，债务人通过给付侵权复制品的行为，而使债务得以减少，获得了相应的收益。因此，用商品支付债务的行为应属于销售行为。其次，虽然销售行为通常发生在商品的流通领域，但是，本罪条文对"销售"没有限定发生领域。销售行为有可能发生在其他债权债务关系领域中。最后，从侵害著作权人合法权益的角度看，用侵权复制品支付债务的行为与本罪中的其他销售行为，在侵犯著作权人合法权益上没有本质的区别，都是损害了著作权人的利益。因此，行为人用侵权复制品偿还债务的行为应认定为本罪中的销售行为，可以构成销售侵权复制品罪。

（五）赠与、出借、购买侵权复制品的行为是否可以构成销售侵权复制品罪

在前文中，已论述销售行为具有两大基本特征：一是有偿性；二是所有权转让。只有符合上述特征的行为，才是本罪所指的销售行为。首先，赠与行为，是一种无偿地将财产给付给他人的行为，虽然要向受赠人转让财产的所有权，但不具有有偿性。其次，出借行为，是一种转移使用权的行为，而不可能发生财产所有权人的变更；因而，上述两种行为，都不是销售行为，也都不可能构成犯罪。最后，购买侵权复制品的行为与销售侵权复制品的行为是两种方向相反的行为，一般情况下，购买侵权复制品的行为无从构成本罪，但是如果行为人是为了出卖的目的而购买侵权复制品的，则可成为销售侵权复制品的预

备行为而构成本罪。

（六）销售侵权复制品罪的量刑

《刑法》第 218 条规定，犯销售侵权复制品罪的，处 3 年以下有期徒刑或者拘役，并处或者单处罚金。

《刑法》第 220 条规定，单位犯销售侵权复制品罪的，对单位判处罚金，并对其直接负责的主管人员和其他直接责任人员，依照个人犯该罪的规定处罚。

❖ 关联法律规定 ❖

《刑法》第二百一十八条 【销售侵权复制品罪】以营利为目的，销售明知是本法第二百一十七条规定的侵权复制品，违法所得数额巨大的，处三年以下有期徒刑或者拘役，并处或者单处罚金。

第二百二十条 单位犯本节第二百一十三条至第二百一十九条规定之罪的，对单位判处罚金，并对其直接负责的主管人员和其他直接责任人员，依照本节各该条的规定处罚。

最高人民法院《关于审理非法出版物刑事案件具体应用法律若干问题的解释》（1998 年 12 月 23 日实施）

第四条 以营利为目的，实施刑法第二百一十八条规定的行为，个人违法所得数额在十万元以上，单位违法所得数额在五十万元以上的，依照刑法第二百一十八条的规定，以销售侵权复制品罪定罪处罚。

第十七条 本解释所称"经营数额"，是指以非法出版物的定价数额乘以行为人经营的非法出版物数量所得的数额。

本解释所称"违法所得数额"，是指获利数额。

非法出版物没有定价或者以境外货币定价的，其单价数额应当按照行为人实际出售的价格认定。

最高人民法院、最高人民检察院《关于办理侵犯知识产权刑事案件具体应用法律若干问题的解释》（2004 年 12 月 22 日实施）

第六条 以营利为目的，实施刑法第二百一十八条规定的行为，违法所得数额在十万元以上的，属于"违法所得数额巨大"，应当以销售侵权复制品罪判处三年以下有期徒刑或者拘役，并处或者单处罚金。

第十五条 单位实施刑法第二百一十三条至第二百一十九条规定的行为，按照本解释规定的相应个人犯罪的定罪量刑标准的三倍定罪量刑。

后　　记

　　在 15 年的律师职业生涯中，我在见证了很多民营企业从小到大、由弱变强的光辉历程的同时，也不时为一些民营企业家由于刑法意识的淡薄和维权不力蒙受巨大损失而叹息，更为一些民营企业家、高管人员由于刑法常识的欠缺而身陷囹圄、锒铛入狱而扼腕！

　　于是应《羊城晚报》之邀，我于 2007 年在该报开辟了"刘律师刑法讲坛——民营企业面临的刑法风险"专栏。该专栏一经刊出，即受到了很多企业界朋友的关注，他们通过打电话、发电子邮件、写信等方式对专栏表示了肯定，并希望能将专栏的讲座内容集结成册以备参考。

　　基于此，经过 1 年多的充实、调整和修改，我在该专栏的基础上形成了本书。希望本书能对民营企业和民营企业家们有所裨益，同时，也算是对自己从事律师工作 15 年的一点纪念。

　　本书的成稿，广东法制盛邦律师事务所黄罗平律师在后期的材料收集、文字整理上作出了重要贡献，丁亚民律师、张显雷律师、广东农工商职业技术学院黄冠老师对本书的修改、校阅也付出了辛勤的劳动；本书的出版，得到了中国检察出版社袁其国社长、李薇薇主任及俞骊编辑的鼎力相助，在此一并致以衷心的感谢！

　　由于本人水平所限，本书有疏漏之处在所难免，故同时求教于方家，恳请不吝指正！

刘　涛
2009 年 3 月 27 日